耀中幼教教學法

以生成課程、幼兒主導的探究和多語言為中心

原 著

斯蒂芬妮C. 桑德斯-史密斯
(Stephanie C. Sanders-Smith)

楊亞璇
(Sylvia Ya-Hsuan Yang)

庫塔莎·布萊恩-斯利瓦
(Kutasha Bryan-Silva)

翻 譯

時 萍　張 曄　潘瑞鋒　張丹丹　陶慧敏

中 華 教 育
耀中出版社

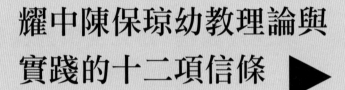

耀中陳保琼幼教理論與
實踐的十二項信條 ▶

信條
十二 ▶ 教師在兒童主導的學習經歷中，有意識地將兒童的學習經驗和學業技能聯繫起來

信條
十一 ▶ 兒童使用語言解決學習和社交問題

信條十 ▶ 支援兒童自然地學習多種語言

信條九 ▶ 支援兒童使用家庭語言

信條八 ▶ 兒童發起並主導活動

信條七 ▶ 教師和兒童共同建構學習

信條六 ▶ 兒童通過生成課程學習

信條五 ▶ 教師要支持兒童之間建立關係

信條四 ▶ 教師與兒童之間必須建立穩固的關係

信條三 ▶ 教學團隊成員一起平等工作

信條二 ▶ 兒童是有能力的和值得信任的

信條一 ▶ 兒童是值得我們尊重和欽佩的

中文版序

　　耀中耀華教育網絡行政總裁兼校監陳保琼博士，繼承母親曾楚珩女士的辦學志向與理念，幾十年來夙夜不懈，並以新思維、新模式把耀中耀華教育網絡發揚光大，將之發展為幼兒教育和國際教育的先驅、典範。本書是美國伊利諾州大學 Stephanie Sanders-Smith 博士的團隊，在學習現場對耀中教學進行深入調研考察後寫成的專著，於 2023 年初由國際學術書刊權威出版機構 Routledge 出版及在全球發行其英文版。本書論證耀中幼教教學法（英文版稱之為 Yew Chung Approach to Early Childhood Education）是一種獨特的教育實踐，支持受多元文化浸潤的學習者在多語言的學習環境中通過生成課程學習，並巧妙地、刻意地將中國香港社會文化的儒家價值觀和歐美地區發展出來的進步主義教育理念相結合，以培養全人的全球公民，而在這教學法的理論形成與實踐的一甲子過程裏，陳博士在香港與中國內地時空中得以完成其創見。由歷史悠久、專業的中華書局與本網絡旗下的耀中出版社聯合出版的中文版，把此教學法也稱為「耀中陳保琼幼教理論與實踐」。我們冠名的目的除了確認陳博士在這幼教理論形成與實踐的全面角色之外，更希望以一個中國名字，彰顯當代先進教學法發展裏中國人的貢獻，並藉此提示大家重視以中國豐厚的傳統文化資源，在多元文化與多語言的學習環境中，培

養人才來應對當代全球的議題 —— 這乃當代中國的國際教育的要義。

　　本書把耀中陳保琼幼教理論與實踐的核心價值歸納為十二項信條，這些信條貫穿於學校日常實踐之中，其中包括學校行政、課程設計、教師培訓、學習氛圍、家校關係。這個教學法是一個示範，展示了如何在非西方教育環境中調整和應用源自西方的幼兒教育理念，從而使本地價值觀和外來理念之間和諧共生，即融合儒家學說與西方進步主義教育（尤其是約翰·杜威的教育思想）的理念。本書認為，孔子和杜威雖然處於不同時代與文化，但都面對一個共同的問題：如何通過道德教育、自我修養和社會化來培養可稱之為全人的年輕一代。對於杜威而言，社會化是在有民主氛圍的教育場景中進行，教師珍視幼兒的想法，讓幼兒自由探索。孔子的儒家思想提倡仁愛、人倫，以促進和諧的關係，但其「修齊治平」的「內聖外王」進路，提倡人的「內在超越」，則超越了社會化的範疇，以期達致更高的目標。本教育網絡重視的中國傳統幼教 —— 蒙學 —— 體現了儒家這些內涵，這些內涵則成為達致蒙學主要目標 —— 教導幼兒「做人」—— 的基礎。「做人」即耀中耀華學校「品德第一」的理念，與聯合國教科文組織把「學會做人」（learning to be）列為 21 世紀教育的四大支柱之首，具一致性。以儒家思想為本的蒙學與進步主義教育還有其他可以類比的地方，如有關學習動機。孔子說：「知之者不如好之者，好之者不如樂之者。」人們樂於學習跟對學習的對象感興趣有很大關係，孔子的「樂而學」主張與進步主義教育的配合

幼兒天生的探索傾向（興趣）而進行學習的觀點，有吻合之處。

　　近代以來在西方文化強勢主導下，進步主義教育在全球傳播，同時在不同地區適應所處的環境和條件而不斷演化，並融入了當地文化和傳統，形成包括耀中在內的有着特色各異的教學法。現代以前，中國的蒙學書籍，如《千字文》與《三字經》，在鄰近的朝鮮、日本、越南等國，也成為風行的啟蒙教材，東亞甚而形成了「童蒙讀物子文化圈」。耀中初期校訓「勤、儉、謙、信」倡導的品德乃蒙學所鼓吹的中國人行為處世的準則。隨着國際情勢的演變，以及認為東西文化可以並且應該互相補足、借鏡的認知的增加，有着東方特色的蒙學值得重視，並作現代詮釋加以發展。香港耀中幼教學院於 2022 年在其下成立中華蒙學苑，而學院亦在其學位課程加入蒙學；兩個舉措旨在於新的國情與全球新時代下推進蒙學，以栽培擁有深厚中華文化素養的人才。

　　耀中陳保琼幼教理論與實踐的終極目標是將孩子培養成為跨文化實踐者、具全球與現代意識、有服務精神與能為更美好的世界而行動的領袖。在這教學法引導下，學生獲得有效貢獻社會的知識、技能、概念、特質和機會，並以積極、開放和博學求真的態度，探討本地和全球議題，致力促進人類的平等共融以及世界的可持續發展。在這個「脫鈎斷鏈」叫囂、本土主義與仇外情緒日益高漲的時期，有抱負、能力，願意為人類社會和共同利益而努力的年輕一代更是彌足珍貴。教育工作者有責任支持幼兒成長為這樣的全球公民，這也是人類的共同命運向教育工作者作出的呼喚。

耀中耀華教育網絡通過在香港和內地包括北京、上海、廣州在內的 10 個城市，以至美、英兩國，開辦的 30 多所耀中耀華學校，以及香港耀中幼教學院，積極推動幼教與國際教育的發展。陳保琼博士與網絡的同仁亦通過參與太平洋區幼兒教育研究學會等專業組織，以及出席相關的地區與國際會議等場合，為包括中國在內的亞太地區的幼兒和幼兒教育發聲，及推進幼兒教育理論與實踐，得到地區與國際間不少的關注。本書建議進步主義教育領域的學者和擁有其他背景的進步主義教育工作者，與耀中的教育工作者進行交流；且認為通過交流或許能發現在這種多語言、多元文化的背景下實施進步主義教育的價值。我們認為在交流時亦應看到中國傳統文化的精粹在多元文化與多語言的學習環境中可以作出的貢獻。本書中文版的出版目的是，除方便使用中文的教育工作者，特別是從事幼教的，了解耀中陳保琼幼教理論與實踐，以作參照，更希望藉此促進同業、有志於幼教者間的切磋，一起探索及推動一個更好的幼兒教育未來。

葉國華教授

耀中耀華教育網絡主席

前　言

　　如果年輕一代希望在自己的文化環境中茁壯成長，並成為全球公民和未來的守護者，那麼他們就需要接受最好的教育。這本書介紹了耀中幼教教學法（譯者按：英文版稱之為 Yew Chung Approach to Early Childhood Education，中文版則稱之為「耀中陳保琼幼教理論與實踐」），該教學法發源於香港，現在已經在亞洲和其他地區得到推廣，是支撐耀中和耀華在香港和內地學校課程、教學法與專業架構的教育理念。耀中幼教教學法並非一套互不相連的實踐方法，而是將儒家學說（Confucian teachings）與西方進步主義教育（Progressive Education），尤其是約翰・杜威（John Dewey）的教育思想相融合的教育理念。該教育理念的核心是十二項信條，這些信條貫穿於學校日常實踐之中。它將幼兒教育從一種工具性的活動提升為一種道德實踐，並能作為成人與幼兒、幼兒與同伴之間建立關係的指引。

　　本書不僅是研究專著，還是實踐指南，可用於指導教師轉變他們的日常教育實踐。對於研究者而言，他們或許會關注資料的收集與分析，對於教師而言，他們可能會側重了解書中詳細描述的日常實踐，會去了解在班級中或在準備人員配備計畫或工作說明時所做出的許多「即時」決策背後的原因。閱讀本書能夠激發研究者和教師以新的方式進行思考。其中，研究者會更多地了解

如何運用案例研究法（case study）作為提出和解決研究問題的途徑。同時，一線教師或教育工作者則能夠詳細地「看到」一種幼兒教育實施方法的鋪展，了解它如何在多語言和多元文化背景下對年幼學生在接受教育的道路上逐步成為全球公民。

　　這本書的獨特之處在於，介紹和批判性地反思了案例研究法。它不僅是一本以案例研究法為特點的高水平研究專著，同時也是一本給幼兒教育工作者的指南，啟發其轉變實踐和行動。本書詳細描述了幼兒園的生活，涵蓋了豐富的細節，讓我們看到，從有意圖的計畫開始，到在成人與幼兒的互動中支持幼兒學習的過程。書中還以探究式教學法（inquiry-based pedagogy）為背景來介紹「生成」（emergent）課程，而探究式教學法又充分借鑒了「專案教學法」（project approach）對幼兒學習的啟示。此外，自20世紀30年代以來，耀中就一直採用多語言和多文化的教學方法。然而，直到本世紀，其「跨語言實踐」（translanguaging）教學法才被正式命名。耀中高度重視幼兒的家庭語言，並將其視為學習其他語言的支援和「盟友」，而非「敵人」。那麼這種見解從何而來？或許與每個耀中班級都由使用不同語言但享有平等地位的合作教師共同執教相關，這種做法促進了跨語言實踐教學法的發展。雙語教師（以及雙語校長）的存在或許能使得教職工和幼兒「自然而然地」去思考語言本身以及不同語言背後的差異。在此背景下，耀中幼兒園裏的對話不僅限於此時此地的話題（例如，門口的雨傘滴水形成的水坑），還涉及到我們在吃得太多後使用的詞彙（例如，用「撐着了」來形容胃

被生日蛋糕撐滿的感覺）。

　　整本書還探討了耀中陳保琼幼教理論與實踐背後的哲學理念，描繪了兩種分別源自東西方文化的哲學思潮的交融與互補。本書認為，孔子和杜威都面對一個共同的問題，那就是如何通過道德教育、自我修養和社會化（對於杜威而言是在有民主氛圍的教育場景中進行社會化）來培養可稱之為全人的年輕一代。在幼兒園的教室裏，建立信任和尊重的關係，以及發揮幼兒在學習中的主觀能動性，是最為重要的因素，這些因素比任何特定的資源，或者為了通過參考年齡段目標或測試所計畫的指導學習活動更為重要。需要注意的是，所謂的參考年齡段目標或測試往往只是為了「證明」幼兒的發展情況。

　　當今，出現了很多書籍探討進步主義教育，以及強調技術、關注環境、不同羣體或國家間的協作關係的 21 世紀課程。而本書的獨特之處在於它將儒家思想和西方實用主義哲學（pragmatic philosophy）融合，描繪出一幅幼兒是值得信任的、主動的、有創造力的和有能力的圖景。除了探討東西方思想與哲學之外，本書還是首部展示多語言課堂的著作，展現了中英文教師共同執教，以支持幼兒混雜運用兩種或三種語言進行思考和參與日常社會生活。在「跨語言實踐」這個科學概念被創造出來之前，耀中班級中就廣泛實踐了這種方法。毫無疑問，耀中的教師親眼見證了同時使用幼兒的家庭語言及其第二或第三語言的做法，如何讓他們運用母語的力量來習得第二或第三語言。在語言和文化身份認同方面，耀中始終認為，當幼兒知道班級中的成人會說他們的家庭語

言並且在他們需要時始終在場，他們會感到更加安全和有主動性。

　　自曾楚珩女士於 1932 年創辦了第一所幼兒園以來，耀中一直致力於支持幼兒發展「勤、儉、謙、信」的品德，並且追求「通過教育的力量來振興中華和實現世界大同」的目標。本書的獨特之處在於它既是一本研究專著，同時也是一本教師的教學指南。本書展現了作者們對演化了近一個世紀的東西方哲學和教學法所支撐的實踐的深刻解讀。這本書是一個驚人的成就。

凱西・西爾瓦教授（Professor Kathy Sylva）
牛津大學耶穌學院
2022 年 6 月

目　錄

第二部分

基本的信條

第三部分
以兒童為中心的課程

第四部分
耀中陳保琼幼教理論與實踐，今昔與未來

第一章

探索耀中陳保琼幼教理論與實踐 [1]

　　隨着技術和創新的進步，人們在全球化社會中的互動方式已經發生了改變。因此，21 世紀的學習者必須在擁抱自己的文化和語言的同時，也要向着共同的人類文明進發。當代的世界公民比歷史上任何時候都更加緊密地聯繫在一起。雖然許多社會和政治運動表明，人們對全球化和現代化感到極不適應，但我們這些身處於幼兒教育領域的從業者必須考慮到那些年幼的孩童如何接受教育和社會化，以適應全球化社會的發展趨勢。

　　立足於中國香港的耀中國際學校（Yew Chung International School, YCIS，以下簡稱「耀中」）是一所致力於支持幼兒成為全球公民的學校。自成立以來，它一直專注於公民身份、多語言和理解多元視角的教育。耀中的教育融合了中外文化和實踐的元素，同等重視並促進學生對中文（包括粵語和普通話）和英語的流利運用。香港耀中創建於 1932 年，雖然現在是一所面向嬰幼兒到中學生的學校，但其最初只是一所幼兒園，主要為港籍和其他國籍人士的子女提供教育和照顧服務。20 世紀 70 年代，耀中的幼兒教育開始在香港廣為人知，並逐漸發展到小學和中學教育。到了 90 年代初，它開始在中國內地（首先是上海）開辦學校。

耀中的課程和教學法

耀中陳保琼幼教理論與實踐在香港具有特殊的重要性和影響力。

耀中的教育植根於本地文化中的儒家思想（譯者按：耀中幼教思想蘊含不少以儒家文化為主的蒙學成分，如初期的校訓「勤、儉、謙、信」所彰顯的品德，乃生活在香港的中國人家庭培養子女良好行為習慣的蒙學要素），同時融合了西方教育中強調的幼兒主觀能動性（child agency）、民主（democracy）、多語言運用（multilingualism）和全球公民教育（global citizenship），從而創造出一種高品質的教育實踐模式。這種模式主要通過生成課程（譯者按：指在教師、學生、教材、環境等多種因素的持續相互作用過程中動態建構的課程，以幼兒為中心施教，讓他們選擇自己的活動及所需資源，以自己的步伐探索、發展及成長）和具有文化維繫特色的教學法，來促進全球視野和多語言的發展；近年來，該模式在英語國家廣受歡迎，被公認為是一種高品質的幼兒園教育模式。

西方教育理念對香港的幼兒教育產生了深遠的影響（Chen et al., 2017；Yang & Li, 2018, 2019）。但研究表明，在香港本地的幼兒教育環境中，經常會呈現出西方教育思想和本地價值觀之間的張力和不協調（Chen et al., 2017；Li et al., 2012；Nguyen et al., 2006），在這樣的背景中，耀中陳保琼幼教理論與實踐從扎根於東方哲學的儒家人本思想和強調民主課堂關係及幼兒自主性的西方哲學中汲取靈感，通過靈活的方式，來適應個體幼兒和家庭的需求，並且以包容性的全球視野去支持幼兒發展。作為一

類進步主義[2]學校教育，耀中借鑒了幼兒教育學以及發展理論的理念，旨在將生成課程和幼兒主導的探究置於課堂的核心地位。因此，幼兒的經歷和體驗能為其學習提供基礎，這是從非體驗式學習活動中很難獲得的（Dewey, 1916, 1938；Pratt, 1948）。

耀中幼教教學法是一種獨特的教育實踐，支持受多元文化浸潤的學習者在多語言的學習環境中學習。它巧妙地、刻意地將香港社會文化價值觀和歐美地區發展出來的進步主義教育理念相結合。耀中教學法是一個示範，它展示了如何在非西方教育環境中調整和應用源自西方的幼兒教育理念，從而使本地價值觀和外來理念之間和諧共生。

進步主義

從杜威進步主義哲學汲取靈感的班級，在本質上是民主的，因為教師珍視幼兒的觀點和想法，而非忽視（Dewey, 1916）。在這樣的班級中，幼兒不僅能夠自由探索，而且能夠在教師的指導下進行深入探索。幼兒的探究使得他們與自己深感興趣的主題進行互動，並在需要時學習學業技能（Edwards et al.；2012；Pratt, 1948；Rinaldi, 2009）。在幼兒的探究中，教師充當嚮導和合作學習者的角色，既支持幼兒學習如何使用難度不斷提升的材料，又為每位幼兒創造一個精確和個人化的最近發展區（Vygotsky, 1978）。專業水平較高的教師能夠創造許多有意圖的機會（intentional opportunities），以將個人或小組幼兒所需的知識、技能和能力嵌入其中（Helm & Katz, 2016；Rinaldi, 2009）。

像耀中這樣實踐進步主義幼兒教育的學校,允許教師和幼兒共同開發真實的課程體驗,使幼兒認識到這些體驗不僅符合他們的興趣,而且對作為學習者的他們來說很重要(Dewey,1916;Edwards et al., 2012;Katz & Chard, 2000;Pratt,1948;Rinaldi, 2009)。根據杜威(Dewey, 1899, 1902, 1916,1938)的觀點,幼兒是具有內在動機和本能的個體,他們的動機和本能與成人的動機和本能同樣重要。秉持進步主義理念的班級宣導民主思想,同等重視幼兒和教師的觀點(Dewey,1916)。班級羣體具有社會性,使幼兒能夠扮演「更博學的人」(more knowledgeable other)的角色(Tudge, 1990;Vygotsky,1978)。為了建立這樣的班級羣體,需要教師與幼兒和家庭都建立良好的關係,以便全面了解幼兒(Gandini, 1993)。

進步主義探究式課程的建立,基於幼兒在生成式課程中與深感興趣的客體互動時所形成的偏好。雖然幼兒自身的興趣能夠引發他們學習的意願,但仍然需要有專業功底深厚的教師來支持他們學習複雜的社會、學習工具和想法,這些工具和想法能夠讓他們更深入地理解某個主題(Dewey, 1916;Katz & Chard,2000;Rinaldi, 2009)。在秉持進步主義理念的班級中,教師利用幼兒的動機和視角來建立課程,並為他們自然展開的活動提供引導(Dewey, 1899, 1938)。教師觀察幼兒,記錄他們的需求、興趣、挫折或成功,並據此做出教學和課程決策。專業功底深厚的教師會刻意將幼兒必要發展的能力嵌入到他們主導的探究中(Helm & Katz, 2016;Rinaldi, 2009)。這意味着幼兒積極參與自身的發展,並在這樣的環境中學習必要的前書寫、前數學和探究技能。不違背幼兒遊戲中學習的自然傾向的實踐,

顯示遊戲能夠支援其他或額外語言的學習（additional language learning）。正如幼兒認識到需要掌握一些個別的學業技能（discrete academic skills）來進行探究一樣，他們也同樣認識到需要使用語言來與同伴和教師進行交流，並與同伴一起進行更深入的探究（Cekaite, 2013）。

儒家思想

孔子的思想塑造了生活在香港的華人的思維和行為方式（Li et al., 2012；Roopnarine et al., 2018）。在與耀中領導的訪談中了解到，耀中陳保琼幼教理論與實踐在歷史和文化上植根於儒學思想，堅持孔子的「仁」，即需要通過道德訓練、自我修養和社會化來培養一個完整的人（He, 2016；Jin & Dan, 2004）。人本思想對個體所設定的目標是自我實現和道德化，引導他們走向「道」（He, 2016；Jin & Dan, 2004；Tan, 2014, 2016a, 2018）。耀中的創始人曾楚珩女士激勵幼兒堅持儒家和中華傳統美德「勤、儉、謙、信」，表明耀中是一所旨在培養儒家所設想的在全球社會中享有地位的仁愛人士的學校。

耀中的教育理念和教學方法還堅持孔子的「和」（即和諧）的觀念，這一觀念影響了中華文化中的人際交往原則（Chan et al., 2009）。「和」是闡述儒家學說的四書之一——《中庸》所闡述的一個核心價值觀。它探討個體的內在價值觀，並強調和諧關係之間的平衡。Chan 等學者（2009）通過「和」的原則闡述了人際交往的三個維度，包括「個體內部的和諧」、「個體之間的和諧」和「人〔或社會〕與自然之間的和諧」（第 38 頁）。「和」

的觀念闡述了基於儒家集體主義根源的關係的不同方面。實現「和」的第一步是實現個人內部的和諧，這可以通過展現模範公民的品質來實現。在儒家看來，一個人應該努力成為完整、有人性和自我實現的存在，即所謂的「君子」（即模範人物）。「君子」一詞最初與貴族成員相關聯，但孔子將其擴展到了社會所有成員（Tan, 2020）。「仁」是成為「君子」的關鍵美德。「仁」（即人道）是儒家人本思想的核心價值觀，也可以翻譯為人性或善良（Tan, 2018）。具備「仁」的品質的人富有同情心、有品德，並熱衷於幫助他人。對於年幼的孩童來說，「仁」是非常重要的，因為它是將來善良的種子，而且能夠幫助他們學習發展人際關係、交友、分享和關心（Yim et al., 2013）。孔子強調符合「仁」的道德標準（《論語》第 3 章 3 節）[3]，並認為人本思想的優點塑造了個人品格的發展。此外，類似於「禮」（即文化實踐、尊重）、「義」（即正義）和「智」（即智慧）等其他道德準則也引導着個體成為模範人物（He, 2016）。要成為真正的「君子」，一個人必須反思這些道德準則，並且每天審視自己（《論語》第 1 章 4 節）[4]。

在承認個人美德的內在維度之後，「和」的框架擴展到考察學習者與其他人之間的人際關係。尊重和欣賞差異是「和」的核心（Chan et al., 2009）。孔子建議人們從擁有形形色色背景的同伴中學習不同的價值觀和美德（《論語》第 7 章 21 節）[5]。同樣地，他鼓勵學生在與他人互動時，通過展現尊重、寬容、可信和慷慨的品質來認識和擁抱不同的價值觀（《論語》第 17 章 6 節）[6]。

儒家學說主張人們積極參與社會，實現「大同」世界（即大

和諧）。和諧，在中國內地和香港特別行政區備受重視（Yim et al., 2013）。「大同」的概念是那些懷揣着善良信念和意願，且想讓世界變得更美好的人所共用的一個空間。在這個空間裏，人們關心所有社會成員，並致力於實現公共利益（Chen, 2014）。此外，「大同」也被翻譯為大共同體或大一統。在儒家文化中，君子被賦予巨大的責任（《論語》第 8 章 7 節）[7]，並被認為應該自願獻身社會，努力實現「大同」。他們的最終目標是，以正直的態度，積極參與和貢獻，促進社會進步成為一個民主的整體（Tan, 2020）。

儘管有些人可能會爭辯說，受儒家思想影響的中華文化價值觀可能會對當代以兒童為中心的教育方法的實施形成挑戰（Chen et al., 2017；Li et al., 2012），但耀中陳保琼幼教理論與實踐深入探索香港的文化根源，連接東方價值觀和西方實踐方法之間的差異，創造出一種真正的、具有文化維繫特色的教學法（Nguyen et al., 2006），這樣的教學法能夠帶來積極的學習成效。

現代語境下的進步主義和儒家思想

希望借鑒東西方理念的學校，可能會在以孔子思想為根基的中華實踐和以杜威思想為基礎的西方實踐中找到一些共通之處。杜威和孔子在人本文化（cultural humanism）和體現民主（embodied democracy）方面有着共同的觀點（He, 2016）。他們都強調了理論學習與經驗學習相結合的必要性（Dewey, 1899, 1938；Tan, 2016），以及將內容知識與批判性思維相聯繫的重要性（Dewey, 1899；Tan, 2014）。然而，儒家和杜威的理想是

不同的，並植根於不同的時代和文化背景中。其中，以杜威為代表的進步主義注重民主實踐和班級社會（Dewey, 1916；Sim, 2009），而儒家思想則注重個體典範，即那些以「道」為先的人（Sim, 2009；Tan, 2016）。

即便如此，杜威在其有生之年的成就引起了中國學者極大的興趣。杜威在 1919 年至 1921 年兩年訪華期間（譯者按：其間中國發生了五四運動，他成為一個深入的觀察者），成功地將他的一些思想介紹給當時的中國學者，並與他在當地的學生分享（He, 2016；Jin & Dan, 2004；Tan, 2016；Tan, 2004）。根據 Tan（2016a）的說法，杜威有時被譽為「第二個孔子」。而這個時期正好是中國教育理念發生變化的一個時期，愈來愈多的中國學者在國外旅居和學習，帶回新的思想，創造了東西方理念並存的文化（Jin & Dan, 2004）。然而，在冷戰期間，這種東西方文化交流逐漸消失，中國哲學開始從馬克思主義中汲取思想（Jin & Dan, 2004）。在當前的內地和香港學校幼兒教育中，進步主義教育哲學又重新獲得了關注（Ryan & Louie, 2007；Shimpi et al., 2014），儘管有時候中國教師會發現自己若不考慮本地文化背景的情況下難以遵循西方的觀點（Chien & Hui, 2010）。

耀中的語言

如今在內地，許多學校同時將英語和普通話作為教學語言。然而，由於香港曾經受英國的殖民管治（譯者按：中國認為在這段時期香港是被英國佔領的中國領土，並於 1972 年向聯合國非殖民化特別委員會提出將香港從殖民地地區的名單刪掉，議案在

大會上獲得通過），並且廣泛使用粵語，因此，就讀於耀中的香港本地幼兒從幼兒園起就要學習英語和粵語，且每周上一次普通話課程（在小學和初中階段逐漸增加學時），這也反映了香港與內地之間政治關係的變化。

作為耀中陳保琼幼教理論與實踐多語言和多元文化特點的一個方面，耀中僱用相等數量的華籍和外籍管理者和教員。所有的華籍教師和管理者都是香港本地人和粵語母語者，所有的外籍教師和管理者都來自英語為母語的國家（例如，英國、美國、澳洲、南非、紐西蘭等）。中外籍教師和管理者兩人一組形成團隊搭檔工作，即每個班級都有一位華籍教師和一位外籍教師，每個校區都有一位華籍和一位外籍的主任（coordinator）。幼兒園也有中外搭檔的合作園長團隊。所有的教師和管理者都有教育學位，並在其本國獲得從業許可或相應的執教資格。同一班級的教師合作計畫、教學和評估，同時也致力於確保兩種語言和文化的平衡。每位教師幾乎都是使用自己的母語與幼兒進行交流，同樣，華籍和外籍管理者也以平等的方式共同管理學校，支援教師、幼兒和家庭。

與香港許多其他雙語或三語學校教育不同，耀中的幼兒教育沒有為每種語言分配特定的時間。幼兒可以自由使用英語、粵語或普通話與同伴和教師進行交流。班級中的兩位教師也平等地支援幼兒發展多語言，以讓他們在熟練掌握新語言的同時，也能夠繼續發展自己的母語水平（Schwartz & Shaul, 2013）。在香港，尤其是在語言教學方面，採用探究式生成課程的教育策略並不常見（Chan, 2009）。這種課程能夠鼓勵幼兒在幼兒園一日生活中有很大的自由做出選擇，同時教師還會觀察並擴展他們的興趣。

十二項信條

耀中的幼兒教育具有高品質、體現進步主義和人本思想的特點，它以香港的社會文化歷史為基礎，並以全球服務為使命。通過同時用三種語言進行真實的學習體驗，並支援其他語言的學習，耀中將杜威的進步主義教育哲學和儒家人本思想融合在一起，使其幼兒教育具有獨特性。以十二項信條為呈現形式的耀中幼教教學法是一種教學理念，也是耀中教育實踐的基礎，它將幼兒是有能力的、積極主動的學習主體這一概念放在中心位置，同時支援多語言教育並促進民主互動。這十二項信條是：

一、兒童是值得我們尊重和欽佩的；

二、兒童是有能力和值得信任的；

三、教學團隊成員一起平等工作；

四、教師與兒童之間必須建立穩固的關係；

五、教師要支持兒童之間建立關係；

六、兒童通過生成課程學習；

七、教師和兒童共同構建學習；

八、兒童發起並主導活動；

九、支援兒童使用家庭語言；

十、支援兒童自然地學習多種語言；

十一、兒童使用語言解決學業和社交問題；

十二、教師在兒童主導的學習經歷中，有意識地將兒童的學習經驗和學業技能聯繫起來。

耀中陳保琼幼教理論與實踐的基礎

在推行耀中陳保琼幼教理論與實踐時，教師採用兩人一組的合作教學模式，共同推進進步主義教學法的運用和其他語言的學習。作為一所具有全球使命的學校，耀中還關注幼兒如何在全球社會中思考自己的定位，這對耀中教師的工作產生了重要影響。我們這項關於耀中的研究主要受現有研究的啟發。

香港的早期教育

在香港，為 3 至 6 歲幼兒提供教育和照顧服務的學前機構通常被稱為幼兒園。大部分幼兒園只提供半日制（3 個小時）課程，也有一些開辦全日制課程。目前香港所有的幼兒園都是由私人、私營機構或非政府組織所有和管理（Li et al., 2012），沒有公辦幼兒園。現時非牟利幼兒園（NPMK）佔據着絕大部分的市場份額，其中提供 3 歲或以上的幼兒服務的機構園受到香港教育局的監管（Yang&Li, 2019）。香港幼兒園的入園率較高，幾乎所有香港幼兒都接受幼兒園提供的幼兒教育。

直到 1982 年，當盧埃林訪問小組（Llewellyn Visiting Panel）建議採用通過遊戲來學習的幼兒教育模式時，香港幼兒園才有官方的課程指引。1999 年，香港教育署採用了《幼稚園應做和不應做的事情清單》（*List of Does and Don'ts for Kindergartens*），強調尊重和雙向互動，避免直接教學（direct teaching）（Yang & Li, 2019）。2006 年頒布的《學前教育課程

指引》（*Guide for Pre-Primary Curriculum*）則強調建構主義方法（Yang & Li, 2019）。

外國的幼兒教育理念已經傳入香港，例如瑞吉歐・艾米莉亞（Reggio Emilia，以下簡稱「瑞吉歐」）、蒙特梭利（Montessori）、專案教學法和高寬課程（High Scope）等對一些學校的幼兒教育實踐產生了影響（Yang & Li, 2019；Chen et al., 2017）。1987年，美國幼兒教育協會（National Association for the Education of Young Children）發布了立場聲明，首次提出「適宜性發展實踐」（developmentally appropriate practice）。該聲明對幼兒園的實踐建議產生了影響，並成為香港幼兒教育理念和實踐中不可分割的一部分（Yang & Li, 2019）。

在實踐中，香港幼兒園的教師經常採用教師主導、以學業為重點的教育方法（Li et al., 2020）。2020年一項針對香港學校幼兒教育的研究表明，教師非常重視幼兒的品德發展，尤其強調孝道，他們認為品德發展至關重要且符合儒家傳統（Yang & Li, 2020）。雖然香港自21世紀初以來一直宣導以兒童為中心的實踐，學校也確實採用了建構主義方法，但在依據幼兒的興趣進行教學的實踐中，一些教師仍然面臨困難（Li et al., 2020）。2017年一項針對一所香港幼兒園實施專案教學法的研究中，教師對時間壓力和課程要求表示擔憂，認為這兩個方面使項目教學法的實施變得困難（Chen et al., 2017）。此外，雖然教師在一日中為項目教學提供了在課室裏的空間和時間，但他們也表示，上課認真聽說，是在早期學習中就要被灌輸的一種品行價值觀。因此，他們認為專案教學應該要平衡教師引導和以幼兒為中心兩個方面，以注入更多的「教師強制結構」（teacher-imposed structure，譯

者按：指由教師安排課室及課室活動，以達成外在目標為主，如測驗）為宜，而不僅僅像西方國家的項目教學法一樣純粹依賴幼兒的自主性（Chen et al., 2017）。該文作者認為，西方的教育方法不能直接為香港或其他華人社會採用，它們必須適應本地的實際情況和文化背景。

合作教學

耀中陳保琼幼教理論與實踐採用一種合作教學模式，在這種模式下，兩位教師都積極參與教學實施，共同承擔對所有學生的責任，並創造出單一教師難以提供的教育體驗（Friend, 2008）。合作教學不僅有助於教師之間知識的共享，還有助於通過實踐教學方面的協同合作來反哺和優化教學實踐，並發展出更加關注學生需求的能力（Scruggs et al., 2007）。該模式還有助於促進教師的專業發展，教師可以通過對合作夥伴的持續觀察以及與其交流教學實踐知識來提高自己的教學水平（Rytivaara & Kershner, 2012）。

合作教學的益處和挑戰

有關跨年齡段組別和在國際背景下的合作教學的現有文獻闡明了一些成功的合作模式，包括合作教師自願進入合作關係，並安排時間共同計畫教學；此外，管理者應積極支援合作教學模式（Friend, 2008；Kohler-Evans, 2006；Mastropieri & McDuffie, 2007；Rytivaara & Kershner, 2012；Sileo, 2011）。

合作教學團隊指出這種模式有很多益處，例如教師間的知識

分享、教學實踐的改進，以及對幼兒需求的更多關注（Scruggs et al., 2007）。Rytivaara 和 Kershner（2012）認為，合作教學不僅有助於教師通過持續觀察合作夥伴來提高教學水平，而且促使他們與合作夥伴交流一些通常只有經驗豐富的教師才可意會的教學實踐知識。合作還有助於兩位教師創造關於實踐和幼兒作品的共同記憶（Rytivaara & Kershner, 2012）。在教育品質方面，McCormick 等人（2001）發現，合作教學關係的強度與積極的學習環境成正比。此外，合作教學還可以促進搭檔之間的文化理解，以及提高合作教師的文化包容能力，從而更好地為幼兒提供關於尊重和回應的真實示範（Schwarz & Gorgatt, 2018）。

在多語言課堂場景中，雙語或三語合作教學愈來愈常見。這種合作教學指的是兩名或以上使用「目的語言」（target language）的教師同時出現在班級中，在特定的課堂時段內使用多種語言來支援幼兒學習。雙語合作教學的益處包括更小的師生比例、更多的小組教學和互動機會（Honigsfeld & Dove, 2010, 2016）。然而，在任何一個學習情境中進行合作教學都是一個複雜而動態的過程，它涉及多元議程、多種性格和協商課室內不同物理空間的使用（Dávila et al., 2017；Dávila, 2018；Arkoudis, 2006；Creese, 2006；Villasanti, 2016）。Honigsfeld 和 Dove（2010, 2016）認為，成功的合作需要教師共同努力，通過計畫、教學、評估和反思來實現。這種綜合方法會令師生之間的關係更加緊密，並使學生的學習成效更加顯著。研究還表明，在雙語、第二語言和多語言學習情境中，同伴互動對學習者習得關鍵學術和社交語言至關重要（Donato, 1994；Gort & Pontier, 2013）。

由英語為母語的教師（native English-speaking teacher,

NEST）和非英語為母語的教師（non-native English-speaking teacher，NNEST）組成的合作教學二人組，已成為支援多個東亞國家英語學習的一種模式（Carless, 2006；Liu, 2008）。然而，由語言障礙所導致的溝通困難是一個挑戰（Carless, 2006）。Schwarz 和 Gorgatt（2018）的研究記錄了來自社會主流文化背景的教師因不熟悉說少數族羣語言（minority language）幼兒的文化規範和價值觀，導致合作教師之間發生文化衝突。此外，英語為母語的教師並不一定是合資格的教師，這有時會導致教學團隊內部的矛盾和緊張關係。不過，當以英語為母語的教師對本地文化和本地語言持開放態度時，關係一般會得到改善（Carless, 2006）。

進步主義與合作

在秉持進步主義理念的班級裏，教師認識到從各種經歷和體驗中學習的可能性。然而，他們也明白，儘管許多經歷和體驗或許是有教育意義的，但教師的角色是引導幼兒達到必要的學習成效（Dewey, 1938）。在耀中，教師不僅認識到學習的可能性，而且使用多種語言引導幼兒探索感興趣的領域。這些做法使幼兒能夠更深入地參與其中，而專業的教師還會創造許多刻意的機會，並在這些機會中融入幼兒個人或在羣體所需的知識、技能和能力（Helm & Katz, 2016；Rinaldi, 2009）。

儘管現有文獻中大部分關於進步主義教育的研究，側重於教師和幼兒之間的關係和想法的自由分享（例如，Gandini, 1993；Pratt, 1948；Semel & Sadovnik, 2008），但合作教師之間的關係仍未被充分理解，特別是在三語（指普通話、粵語及英語）、

後殖民管治背景下的幼兒教育班級中（Rao & Chen, 2020）。在民主社會和民主班級中，溝通——尤其是不同小組之間的溝通——對於想法的自由分享和實現共同的社會方向是必要的（Coke, 2000；Dewey, 1916）。通過個體和小組之間分享想法的可能性，不同的觀點可以被整合到社會生活中，實現杜威（1916）所稱的民主理想（democratic ideal）。教師之間的合作有助於他們互相汲取不同的經驗，從而支持幼兒的探究式學習（Coke, 2000）。在進步主義幼兒教育學校中，如果班級中有多名教師，那麼他們之間的關係必須放在學校的宏觀教育理念中考慮（Gandini, 1993）。

在進步主義幼兒園班級中，普遍認為幼兒同樣有能力支持羣體的學習。因此，幼兒可能會以與教師預期不同的方式來探索想法，甚至會提出一個完全不同的想法（Cordoba & Sanders-Smith, 2018；Dewey, 1899, 1938；Helm & Katz, 2016）。當教師合作時，他們通過借鑒各自多元化的經驗來更好地支持幼兒的探索式學習（Coke, 2000；Gandini, 1993）。此外，在進步主義指導下的學習空間中，成人之間的合作關係會影響教師與幼兒之間、幼兒與同伴之間的互動方式（Coke, 2000；Dewey, 1916）。

多語言

1997 年之前，香港在官方和社會活動中都採用雙語（粵語和英語）模式進行運作。英語由於作為殖民者語言，以及香港作為世界金融中心的地位，使它在社會上更具有「官方語言」

（official language）（Bourdieu, 1991）的地位。香港新教育政策的頒布推動了普通話在學校的普及，為當前的三語狀態鋪平了道路。在教育和政治場景中，普通話愈來愈被認可，粵語教學獲得的資金和政策考慮則較少（Lee & Leung, 2012）。香港教育局將英語定義為「關鍵學習領域」（key learning area），認為它是促進認知發展、跨文化意識和參與香港「快速變化和競爭激烈的知識型社會」的重要工具（Education Bureau, Government of Hong Kong, 2017）。因此，在香港的各級教育中，強調英語與粵語或普通話並重學習的雙語或三語學校是常見的。

支援幼兒使用多種語言

　　幼兒園和小學階段的雙語課程通常遵循以下目標：支援母語為少數族羣語言的幼兒學習主流語言，以及促進母語為主流語言的幼兒習得第二語言（Axelrod, 2014；Barnett et al., 2007；Christian, 1996；Gort, 2006；Schwartz & Shaul, 2013；Winsler et al., 1999）。雙語幼兒園通常在學校日程中為每種語言提供單獨的教學時間，以確保所有幼兒都能平等接觸每種語言（Barnett et al., 2007；Chesterfield et al., 1983；Gort, 2006）。在這種模式下，幼兒可以在兩位說不同語言的教師之間切換，或者由雙語教師（或教學團隊）指定一些特定的時間，讓幼兒在每種語言情境中參與教學活動或遊戲。另一種雙語教育模式則會同時使用兩種語言，讓幼兒可以在一天中隨時交替聆聽和使用兩種或更多種語言，而不僅是在指定時間內使用（Axelrod, 2014；Chesterfield et al., 1983；Mateus, 2014）。Mateus（2014）建議，允許幼兒在一天中使用兩種語言或他們選擇的語言，可以為

他們提供一個嘗試新語言的空間。取消指定的語言使用時間也許能夠促進更真實的語境聯繫，這種聯繫在分開使用不同語言時不太可能出現（Axelrod, 2014）。然而，這種方法的一個缺點是，教師難確保幼兒能夠等量接觸兩種語言。

跨語言實踐

在本書中，我們引用了跨語言實踐的概念來討論耀中班級中的三語互動。García 和 Kleyn（2016）將跨語言實踐定義為「使用說話者的全部語言庫（linguistic repertoire），這種做法不以任何方式受制於社會和政治定義的命名語言之界限」（第14頁）。多語言者有目的、有選擇地運用其語言庫的各種特點，以適應特定的社交情境（García & Wei, 2014；García et al., 2017）。在香港這樣的多語言背景下，跨語言實踐會在各種場景（包括學校）自然而然地發生。

在所有教育階段的單語和雙語班級中，同伴互動是社會化和語言學習的一個重要方面（Donato, 1994）。例如，Björk-Willén（2007）發現，學前教育環境中的幼兒善於使用超語實踐來建立社交秩序和組織同伴遊戲。此外，Cekaite 和 Björk-Willén（2013）在瑞典一個單語言學前班級的研究中，證明了同伴之間互相糾正是一種在同伴羣體關係中建立等級制度，以及探索當地語言使用規範的一種方式。

Andersen（2017）在盧森堡的 2 至 6 歲學前班級中進行的研究表明，身體語言和手勢是幼兒的跨語言庫（translingual repertoires）的重要組成部分。Palmer 等人（2014）的研究發現，跨語言實踐可以促進小學生的動態雙語能力，使他們能夠發

展出在不同文化情境下進行溝通的語言。Gort 和 Pontier（2013）
的研究則關注了一個遵循語言分離政策的雙語（西班牙語／英
語）課程中學前幼兒的語言使用情況。他們發現，英語和西班牙
語分離的教學與自然雙語兒童（emergent bilingual children）的
自然社交互動存在顯著差異，那些自然雙語兒童經常在日常互動
中採用跨語言實踐策略（García, 2009）。

全球公民

　　全球公民，是耀中教學法的一個基本概念，它包含相互依
存、多樣性和關愛自然的要素（Davis, 2008；Roman, 2003；
Shultz, 2007；Twigg et al., 2015）。在耀中，幼兒通過關係、
關愛他人和環境來學習相互依存與和諧的概念。21 世紀全球公
民教育的目標是超越二元對立（例如，我們／他們、南／北，以
及東／西）（An, 2014；Roman, 2003），並培養對我們自身的
生活、自然界，以及全世界不同人羣之間聯繫的理解（Shultz,
2007；Twigg et al., 2015；Zahabioun et al., 2013）。在耀中，
兩位合格的教師分別代表了兩種不同的文化和語言背景，通過與
多種文化和語言的日常互動，支持學校踐行全球使命。耀中的教
師還有意識地引發幼兒對生態問題的興趣，並通過討論來引導他
們提出有關廢棄物對環境所造成的影響。

　　在幼兒教育階段，教師可以鼓勵幼兒通過關愛他人和自然
世界來理解相互依存的概念（Bell et al., 2015；Davis, 2008；
Urban, 2015）。此外，如果要進一步理解相互依存的概念，教
師還需要為幼兒提供一個民主的空間，讓他們可以挑戰一些想

法（James, 2008；Marshall, 2005），找到共同點並合作（Coke, 2000；Dewey, 1916）。在耀中，幼兒通過民主和諧的班級互動、融入不同文化的機會，以及對他人和自然世界表達關愛，培養成為全球公民的能力。

作為全球公民，認可和重視多樣性是一項重要品質（Zahabioun et al., 2013）。在一個多元化的社會中，我們需要承認和珍視主流羣體以外的存在、知識和行為方式（Paris, 2012；Urban, 2015），並擁抱文化多元主義和文化平等（Paris, 2012）。這種豐富性包括幼兒表現出的所有語言、文學和文化方式（Paris, 2012）。耀中是一所有來自許多不同國家的幼兒和教師的學校；耀中的幼兒通常比其他學校的學齡前幼兒更有旅行和文化交流的經驗。這為幼兒和教師提供了通過個人經歷具體思考文化的機會，以及通過許多感興趣的、地方的和文化的視角來全面看待這個世界（Zahabioun et al., 2013；Urban, 2015）。

支援全球公民教育的教學方法需要民主的班級參與（Roman, 2003；van Oudenhoven&van Oudenhoven, 2019）。在耀中，幼兒被視為有能力決定他們想學甚麼以及用甚麼方式去處理新的想法（Marshall, 2005；Roman, 2003），這呼應了更廣泛的以兒童為中心的研究，特別是民主參與等與進步主義實踐相關的研究（例如，Dewey, 1899；Helm&Katz, 2016；Marshall, 1958）。全球公民教育鼓勵批判性思維、同情心和尊重人類生命（Roman, 2003）。民主教育的教學方法可以支持發展全球智慧，並通過討論、辯論和尋找共同點來幫助學習者準備參與和平解決問題（Coke, 2000；Dewey, 1916）。耀中的教師認識到幼兒是世界公民，並從幼兒教育到中學教育階段持續支持全球學習，採用進

步主義實踐來鼓勵他們創建共用和相互依存的未來（UNESCO，2021）。

在香港耀中開展的研究

本書介紹了 2016 年春季開始在香港耀中進行研究的相關發現。大部分數據是在 2016 年 6 月和 2018 年 5 月在香港收集的，同時也有一些資料是通過遠端收集獲得的。

2016 年：第一輪資料收集

2016 年初，桑德斯－史密斯博士（Dr. Sanders-Smith）提議使用工具性案例研究方法（instrumental case study）（Stake，1995）對耀中陳保琼幼教理論與實踐進行初步的調查研究。在耀中幼教部兩位中外籍合作校長（Co-principals）的支持下，她確定了兩個典型的 4 歲班級（表 1.1）。她和一名研究助理（graduate research assistant）在班級中各調研了兩周時間，從幼兒入園後一直到午睡前的過渡期間拍攝班級活動，每個班級大約收集了 35 個小時的視頻。當時，該研究關注的是班級的日常生活，而不是整個學年的變化。通過在學年末的近兩個月時間的資料收集，我們希望清晰地了解班級內的關係、互動和教學法。在進行資料分析之前，視頻由另一名精通英語、粵語和普通話的研究助理進行翻譯和轉錄。

表 1.1　2016 年參與資料收集的班級 *

4 歲黃色班		4 歲藍紫色班	
教師	**華籍 / 外籍**	**教師**	**華籍 / 外籍**
奧莉維亞老師 （Ms. Olivia）	外籍	南森老師 （Mr. Nathan）	外籍
埃爾西老師 （Ms. Elsie）	華籍	路易莎老師 （Ms. Louisa）	華籍
幼兒	**家庭語言**	**幼兒**	**家庭語言**
艾米莉（Emily）	普通話	安東尼（Anthony）	英語 / 粵語 / 普通話
伊莎貝拉（Isabella）	英語 / 粵語	羅根（Logan）	粵語
格蕾絲（Grace）	普通話	麗玲（Liling）	粵語
約翰（John）	普通話	艾瑪（Emma）	粵語
卡洛琳（Caroline）	普通話	克雷格（Craig）	粵語
威廉（William）	普通話	羅漢（Rohan）	英語
大衛（David）	普通話	瑪格麗特（Margaret）	粵語
米婭（Mia）	粵語	薩爾瓦托（Salvatore）	西班牙語
霍莉（Holly）	英語 / 粵語	諾亞（Noah）	粵語
埃絲特（Esther）	普通話	湯瑪斯（Thomas）	粵語
山（Shan）	粵語	蘿拉（Laura）	粵語
莉亞（Lia）	英語 / 普通話	安娜麗絲（Annalise）	英語
拉里薩（Larissa）	粵語	凱莉（Kelly）	英語 / 普通話
喬治（George）	粵語	尼古拉斯（Nocholas）	英語
健（Jian）	粵語	塞拉（Sierra）	粵語
勞倫（Lauren）	英語	路易士（Luis）	粵語
惠子（Keiko）	英語 / 法語	瑪雅（Maya）	粵語 / 普通話
馬克斯（Max）	英語	安吉洛（Angelo）	粵語
約書亞（Joshua）	英語 / 粵語	梅齊（Maisie）	英語
埃馬紐埃爾（Emmanuel）	普通話	簡（Jane）	普通話
麗莉克（Lyric）	粵語	明霞（Mingxia）	普通話
珍（Zhen）	粵語	焦（Jiao）	粵語
		美英（Meiying）	粵語

＊ 所有教師和幼兒的名字都是化名。

桑德斯－史密斯博士和研究助理訪談了每個班級的合作教學團隊。此外，桑德斯－史密斯博士還訪談了合作校長團隊，以了解學校背景，並確認教師關於辦學理念的陳述。在 2016 年春季，凱孃（Gladys）[8] 是華籍校長，妮基（Nicky）是外籍校長。然而，妮基校長在學年結束時將離職，時任外籍主任凱特（Kate）已被確定為接任者。因此，凱特主任作為一名管理者也接受了訪談。所有訪談都使用英語進行，每次訪談持續 45 到 60 分鐘不等。在進行資料分析之前，所有採訪均被錄音並轉錄成文字形式。

2016 年第一輪資料分析

對 2016 年資料的分析分多個階段進行。第一個明確的目的是定義耀中陳保琼幼教理論與實踐的獨特性。桑德斯－史密斯博士和研究助理通過初始編碼迴圈（a cycle of initial coding）（Saldaña, 2016）對教師訪談進行編碼，並生成了初始代碼（codes），且在臨時編碼迴圈（a cycle of provisional coding）中使用這些初始代碼進行視頻觀察。這種方法是通過將某種資料形式生成代碼，然後應用於另一種資料形式，旨在確定口頭確認為必要的實踐在班級中存在的程度。桑德斯－史密斯博士在 NVivo 10 中使用這些代碼對所有視頻進行編碼，並將其歸類為三個寬泛的類別（categories）：關係、課程和重視幼兒，這些類別都是從訪談資料中得出的。雖然這種編碼方式確實表明教師對實踐的初始描述與觀察到的班級實踐之間存在一致性，但是在分析過程中又出現了新的模式，表明我們應該對實踐元素進行略微不同的組織和考慮。

這促使我們進行一個主軸編碼迴圈（a cycle of axial coding），細化已有代碼，以反映視頻資料所呈現的模式。然後，使用新的編碼方案重新對所有訪談進行編碼，以測試訪談的可靠性。這種編碼方法確定了訪談（即教師和管理者如何談論耀中幼兒教育）和觀察視頻（即教師如何在實踐中再現他們所陳述的耀中幼兒教育的元素）中存在的清晰元素。

　　這些代碼是本書描述的十二項信條的前身。桑德斯－史密斯博士與佛羅里達大學的同事不斷討論新的研究發現，他們建議使用金字塔的方式展示十二項信條之間的關係。這形成了當前十二項信條的排序。2018 年 3 月，在耀中 85 周年慶典上，這些信條首次向耀中和耀華 [9] 的教師和管理者展示，並展開了相關討論。

2016 年第二輪資料分析

　　雖然首輪資料分析旨在廣泛定義耀中陳保琼幼教理論與實踐，但隨後的所有資料分析都致力於剖析這十二項信條。其中第一個重點是對 2016 年資料進行第二輪分析，重點關注幼兒的語言使用。由於視頻資料收集了所有三種語言的數千條幼兒話語（child utterances），因此這是一個可以在不收集額外資料的情況下進行研究的領域。

　　第二輪資料分析是與學校社會語言學專家麗芙・托爾斯滕松・達維拉博士（Dr. Liv Thorstensson Dávila）合作完成的。為了最大程度確保編碼的一致性，本輪分析進行了多個階段的編碼。在初始階段，桑德斯－史密斯博士閱讀了班級互動的文字轉錄，並針對每位幼兒在粵語、普通話和英語中的話語數量進行了表格統計。在隨後的每個階段，桑德斯－史密斯博士和達維拉

博士都先獨立進行資料編碼，然後再一起記錄單次互動中所有跨語言實踐的實例。兩位研究者之間的任何差異都會進行複查和討論，直到達成共識為止。隨後，她們對這些實例的文字轉錄和視頻進行複查，以確定每個事件中發生了甚麼情況。然後兩位研究者通過談話夥伴（conversational partners）的方式對這些實例進行編碼，並關注參與談話的哪一方促使了語言變化。與之前一樣，兩位研究者之間的任何差異都會被複查和討論，直到達成共識。兩位研究者指出，可以從以下兩個方面對跨語言實踐的做法進行分析：促使幼兒實踐跨語言的班級條件；那些在互動中沒有實踐跨語言，而是成為了其他幼兒語言變化的主體的幼兒，表現出對關係的協商（Cekaite & Björk-Willén, 2013）。

2018 年：第二輪資料收集

2016 年的初始資料收集引發了進一步的研究問題，尤其是關於合作教學和隨時間推進而出現的理念。在耀中 85 周年慶典上做完報告後，桑德斯－史密斯博士提議在香港進行第二輪資料收集。她和另一位研究助理瑪麗・萊昂斯[10]（Mary Lyons，現在是諾克斯學院的教員）決定對所有 3 歲班和 4 歲班的教師進行訪談研究。2018 年，共有 14 個班級和 28 位教師參與。桑德斯－史密斯博士和萊昂斯博士制定了訪談方案。此外，達維拉博士還提出了與其他語言習得有關的問題。桑德斯－史密斯博士與合作校長團隊協調安排了訪談時間。除了兩名教師外，其他教師都同意接受訪談。

在訪談研究中，共有 26 名教師參與（見表 1.2）。這些教

師的平均教學經驗為 14.04 年（範圍為 4 至 35 年，標準差為
7.67），平均在耀中任教的年資為 9.27 年（範圍為 1 至 35 年，
標準差為 8.09）。總體而言，華籍教師在耀中的教學年資更長，
平均教齡為 17.29 年（範圍為 8 至 35 年，標準差為 7.16），平
均在耀中任教的年資為 13.36 年（範圍為 2 至 25 年，標準差為
9.09）。外籍教師的平均教齡為 10.25 年（範圍為 4 至 25 年，標
準差為 5.98），平均在耀中任教的年資為 4.5 年（範圍為 1 至 7
年，標準差為 1.98）。需要注意的是，雖然這些教師的教學經驗
不同，但他們當中沒有新教師。

表 1.2　2018 年香港耀中教學團隊

年齡組別	班級	姓名 *	華籍 / 外籍	籍貫 / 國籍
3 歲班	3 歲紅色班	愛麗絲（Alice）	華籍	香港
	3 歲橙色班	傑瑪（Gemma）	外籍	英國
		埃絲特（Esther）	華籍	香港
	3 歲黃色班	梅利（Maili）	外籍	香港
		蕾妮（Renée）	華籍	香港
	3 歲綠色班	閆娜（Yanna）	外籍	新加坡 / 澳洲
		戴安娜（Diana）	華籍	香港
	3 歲藍色班	梅根（Megan）	外籍	英國
		南茜（Nancy）	華籍	香港
	3 歲靛藍色班	梅麗莎（Melissa）	外籍	辛巴威 / 南非
		露比（Ruby）	華籍	香港
	3 歲藍紫色班	伊莉莎白（Elizabeth）	外籍	南非
		瑪格麗特（Margaret）	華籍	香港

耀中幼教教學法 —— 以生成課程、幼兒主導的探究和多語言為中心

年齡組別	班級	姓名*	華籍／外籍	籍貫／國籍
4 歲班	4 歲紅色班	愛子（Aiko）	華籍	香港
	4 歲橙色班	凱薩琳（Catherine）	外籍	辛巴威／南非
		阿比蓋爾（Abigail）	華籍	香港
	4 歲黃色班	奧莉維亞（Olivia）	外籍	羅馬尼亞／紐西蘭
		埃爾西（Elsie）	華籍	香港
	4 歲綠色班	尼克（Nick）	外籍	英國
		黛博拉（Deborah）	華籍	香港
	4 歲藍色班	克里（Kerrie）	外籍	紐西蘭
		瑪莎（Martha）	華籍	香港
	4 歲靛藍色班	茱莉亞（Julia）	外籍	英國
		伊莎貝拉（Isabella）	華籍	香港
	4 歲藍紫色班	保羅（Paul）	外籍	南非
		路易莎（Louisa）	華籍	香港

＊ 南森仍在學校工作，但已經轉換了職位。

　　研究者通過多種類型的訪談進行資料的三角互證（triangulation）。首先，研究者對 26 名參與教師進行了一個小時的個人訪談，採用一對一的方式。其次，除了 2 名沒有搭檔的參與教師以外，所有合作教學團隊都接受了一小時的小組訪談。最後，研究者還與 3 歲班和 4 歲班的中外籍教師團隊進行了 45 分鐘的焦點小組討論。在這三種訪談類型中，研究者重複詢問了關於參與教師對合作教學的理解、對合作教學的感受以及所感知到的益處等關鍵問題。此舉旨在確定在個人單獨講述時、在合作夥伴在場聆聽的情況下，以及在同事羣體中講述時，個體是否會對回答做出改變。因此，通過這三種訪談類型實現了資料的三角互證。

桑德斯－史密斯博士和萊昂斯博士還與校區合作主任進行了焦點小組討論，詢問合作教學程式、支援和匹配等問題。共進行了 26 次個人訪談、12 次搭檔訪談和 5 次焦點小組討論，其中包括校區合作主任的焦點小組討論。所有訪談都被記錄下來，個人和團隊訪談使用音訊進行記錄，焦點小組使用視頻進行記錄。在進行分析前，所有記錄都被轉錄成文字。

　　除了訪談外，研究團隊還收集了班級記錄（documentation）。在耀中，所有班級都要作教學記錄（pedagogical documentation）（Stacey, 2015）。在整個學年中，教師廣泛收集幼兒的學習記錄，包括照片、幼兒作品樣本以及教師的書面反思（包括英語和中文反思）。這些都是教學團隊的教學記錄，因此會在教學團隊內部和教師會議上進行詳細的分享和討論。這些討論和反思還有助於推動教學的發展。此外，教師還會利用這些記錄創建每月的「班級學習歷程」（learning journeys），並與家庭、幼兒和學校管理者進行分享。

　　在資料收集期間，楊亞璇 [11] 與桑德斯－史密斯博士和萊昂斯博士一起在香港工作。在與教師和管理者協商後，她從每個班級收集了一整個學年的班級學習歷程。每個班級都提供了 9 份月班級學習歷程，即 2018 學年共計有 36 份班級學習歷程。這些班級學習歷程以 PowerPoint 投影片或 PDF 檔的形式呈現，每月平均包含 35.9 頁的內容。總共從 4 個班級中收集了 37 份班級學習歷程，共計 1,329 頁。在進行資料分析之前，楊亞璇女士將用中文撰寫的教師反思（大約一半是中文）翻譯成英文。

2018 年資料分析

訪談和班級學習歷程的收集旨在挖掘對多個信條的見解。因此，兩年內對所收集的資料進行了多次分析，每次分析都有不同的重點。

合作教學

由於耀中所使用的非等級合作教學模式與許多東亞地區的其他學校存在較大差異，我們對合作教師如何看待這種合作關係特別感興趣。因此，合作教學成為我們研究分析的第一個重點。在這個研究主題下，桑德斯－史密斯博士、萊昂斯博士以及楊亞璇女士共同展開了分析工作，並邀請莎拉・麥卡錫博士（Dr. Sarah McCarthey）提供額外的見解。

在這項分析中，研究團隊關注了訪談中針對合作教學的討論。當討論涉及到生成課程和雙語／雙文化主題時，也將這些內容納入分析。研究團隊參考 Saldaña（2016）的方法完成了多個編碼迴圈。第一個編碼迴圈使用了預設代碼（priori codes），這些代碼來自文獻中反覆出現的主題（themes），並明確回答了研究問題。這些代碼包括合作教學關係中所感知到的益處、面臨的挑戰以及在合作教學關係中形成的角色。通過這個編碼迴圈，新的主題逐漸浮現。接著，研究團隊使用這些新的主題和子主題進行了一個焦點編碼迴圈（a cycle of focused coding）。然後，研究團隊完成了一個主軸編碼迴圈，並考慮了主題和子主題之間的關係。

多語言和合作教學

除了探討合作教學教師如何進行合作之外，研究團隊還關注了他們如何支援幼兒學習其他語言的問題。桑德斯－史密斯博士再次與達維拉博士合作，對 2018 年的教師訪談資料進行了分析。該分析僅關注訪談中涉及其他語言學習以及語言學習與合作教學關係之間的關係的部分。隨後，研究團隊進行了三個編碼迴圈。首先進行一個整體編碼迴圈（a cycle of holistic coding），將資料「分塊」（chunk）成寬泛的主題，以進行更聚焦的分析（Saldaña, 2016）。其次進行一個概念編碼迴圈（a cycle of concept coding），重點關注教師對班級關係和支持其他語言學習的想法和描述。接着，研究團隊完成了最後一個主軸編碼迴圈，將之前的迴圈所創建的類別連結到建立關係、激發語言興趣和建立自信這三個主題中。

兒童觀、多元文化教學和社會情感學習

庫塔莎‧布萊恩－席爾瓦（Kutasha Bryan-Silva）[12] 與桑德斯－史密斯博士和楊亞璇女士一起對教師訪談和班級學習歷程進行了分析，着重關注教師如何看待幼兒以及如何在課堂中支持多元文化學習。基於 Charmaz（2014）提出的系統編碼方法，我們進行了多輪編碼迴圈和分析。

在第一個開放式編碼迴圈（cycle of open coding）中，我們聚焦於教學和課程中的多元文化學習，重點關注各種視角，包括通過課堂活動、同伴互動和教師合作教學關係來形成對文化的意識。基於這些方面，研究團隊開展了第二個焦點編碼迴圈。形成了包括全球公民教育、班級多元文化主義、家庭以及本地文

化等新的主題。最後，研究團隊完成了最後一個主軸編碼迴圈（Saldaña, 2016）。這些發現也支援了 2016 年的資料分析結果。

我們將這輪分析的資料與 2016 年的資料結合起來，旨在研究社會情感學習（Social and Emotional Learning，SEL）及相關支援。研究團隊聚焦分析 2016 年和 2018 年的訪談資料，重點關注社會情感支援、多語言支援以及與關係有關的內容，並進行了多個編碼迴圈。首先進行了描述性編碼（descriptive coding），通過這個迴圈，確定了最初的主題。接着進行了一個主軸編碼迴圈（Saldaña, 2016），形成了以下主題：教師對幼兒能力的看法、教師如何支持社會情感學習，以及教師之間如何合作以支援幼兒跨語言的學習。研究團隊還將訪談資料與 2016 年的觀察資料進行三角互證對比，以思考教師對自己的看法、耀中幼兒教育廣泛支援社會情感學習以及我們在班級中觀察到的情況的一致性。

額外的資料收集 [13]

儘管本書中大部分的研究結果基於 2016 年和 2018 年在香港收集的資料，但桑德斯－史密斯博士、楊亞璇女士和席爾瓦女士的研究團隊在必要時還收集了額外的資料。這些資料主要通過遠端方式來收集，大多使用電子郵件發送材料或通過 Zoom 進行訪談。

2016 年，桑德斯－史密斯博士在香港與陳保琼博士（Dr. Betty Chan）和楊雪貞女士（Priscilla Yeung）進行了開放式訪談，以了解耀中的歷史。2021 年秋季，研究團隊向耀中領導發

送了一個 Word 文檔，提出了額外的問題，這些問題與之前的訪談問題的格式相同，並得到他們的回覆。2022 年春季，研究團隊中的楊亞璇女士邀請了 2016 年在任的耀中外籍合作校長妮基進行額外的訪談，以了解耀中陳保琼幼教理論與實踐的演化（evolution）。

自 2020 年起，席爾瓦女士和楊亞璇女士獲得了查看耀中歷史檔案資料的許可權，這些檔案展示了耀中教學法和學校本身的歷史。為了全面了解耀中的歷史，兩位女士檢索了自 1932 年耀中幼兒園成立至 2018 年提供幼兒教育學士學位的幼教學院建立以來的檔案。這些歷史檔案資料包括創始人曾楚珩女士的文字和圖片、主題演講、視頻、專業發展資源、報紙報道、教育小冊子，以及陳保琼博士撰寫的教育書籍等。席爾瓦女士和楊亞璇女士結合檔案資料、訪談耀中教育先驅所得到的口述歷史記錄，以及有關香港教育的歷史文獻進行三角互證。她們使用已有的歷史資料，了解了耀中如何在香港推動幼兒教育改革，並將其影響力擴展至國際領域，成為幼兒教育領域中的一股重要力量。

2022 年 1 月，桑德斯－史密斯博士對現任合作校長和合作副校長團隊進行了跟進訪談。這些訪談主要關注教師和幼兒的日常常規，也包括澄清有關班級環境和生成課程的問題。其中，所有的訪談記錄均使用 Zoom 的轉錄功能進行轉錄，隨後與其他已收集的資料進行比較，特別是 2016 年的班級觀察資料，以全面了解學校的一日活動。此外，桑德斯－史密斯博士還於 2022年 3 月與陳麗生博士（Dr. Lydia Chan）會面，討論了耀中幼教學院（Yew Chung College of Early Childhood Education，YCCECE）的演變歷程。

本書的組織架構

　　香港是一個有着近代殖民管治歷史的全球化城市，如今作為中華人民共和國的一個特別行政區而存在。由此，它擁有獨特的社會和政治歷史，這對耀中陳保琼幼教理論與實踐的發展和演化產生了深刻影響。第二章概述了從 20 世紀 30 年代開始的香港歷史。香港的歷史與耀中的歷史相互交織，從幼兒園的創辦開始，經歷了日本佔據時期的動盪與堅持（譯者按：學校在日本佔據期間停辦，戰後隨即復辦），成立了香港第一所也是唯一的一所僅提供幼兒教育專業培訓的私營教育機構 —— 耀中幼教學院 —— 並進入了一個耀中教育擴展到內地和美國的新時代。

　　第三章概述了耀中的十二項信條，並展示它們如何相互組合在一起，構成了耀中陳保琼幼教理論與實踐。在隨後的五章中對這些信條進行了更深入的探討。第四章探討了耀中教學法所體現的看待幼兒的觀點，即幼兒值得被成人尊重且高度有能力。第五章探討了耀中教學法中的人際關係和關係的建立。關係是所有其他工作的基礎，為教師與教師之間、教師與幼兒之間，以及幼兒與同伴之間的對話提供了共同的基礎。

　　第四章和第五章着重探討了耀中陳保琼幼教理論與實踐所憑藉的觀點，而第六至第八章則聚焦於實踐。第六章探討了生成課程和探究式教學法，以及它們在耀中的實現方式。在耀中，教師和幼兒作為夥伴一起合作，教師給予幼兒發揮自主性的機會和信任，以支持他們積極開展探究。第七章詳細介紹了多語言和多元文化的方法，包括對家庭語言和其他語言的支援。在耀中，幼兒通過人際關係和對興趣的探索來學習語言的使用。第八章探索社

會情感學習以及學業學習。雖然這兩項是重要的信條，包含必要的技能和能力，但它們是以其他十項信條作為基石的。

　　第九章展示了耀中的生活，包括日常校園生活的描述以及對幼兒全球公民意識的培養，並呈現了兩個幼兒主導的長期探究作為相關例子。第十章對耀中教學法進行反思，探討了其未來發展的思考，並以此作為本書的結尾部分。

註釋

1　本章的部分內容曾經發表在《雙語研究期刊》（*Bilingual Research Journal*）、《教育教學期刊》（*Teaching and Teacher Education*）和《多語言和多元文化發展期刊》（*Journal of Multilingual and Multicultural Development*）上。

Sanders-Smith, S.C. & Dávila, L.T. (2019). Progressive practice and translanguaging: Supporting multilingualism in a Hong Kong preschool. *Bilingual Research Journal*, 42(3), 275–290.

Sanders-Smith, S.C., Lyons, M.E., Yang, S.Y.H., & McCarthey, S.J. (2021). Valuing relationships, valuing differences: Co-teaching practices in a Hong Kong early childhood program, *Teaching and Teacher Education*, 97(10), 1–10.

Sanders-Smith, S.C. & Dávila, L.T. (2021). "It has to be in a natural way": A critical exploration of co-teaching relationships in trilingual preschool classrooms in Hong Kong. *Journal of Multilingual and Multicultural Development*, Advance online publication.

2　我們使用「進步主義」一詞來指代基於杜威進步主義教育傳統或在其基礎上建立的學校和理念（Dewey, 1899, 1916, 1933, 1938；Marshall, 1958；Semel & Sadovnik, 2008）。

3　人而不仁，如禮何？（《論語‧八佾》）

4　吾日三省吾身。（《論語‧學而》）

5　三人行必有我師焉。（《論語‧述而》）

6　孔子曰：能行五者於天下，為仁矣。請問之？曰：恭、寬、信、敏、惠。恭則不侮，寬則得眾，信則人任焉，敏則有功，惠則足以使人。（《論語‧陽貨》）

7　士不可以不弘毅，任重而道遠。（《論語‧泰伯》）

8　合作校長和合作副校長不使用化名。

9　耀華國際學校成立於 1998 年，為內地的幼兒和家庭提供服務。我們將在第二章中介紹耀華國際學校。

10　瑪麗・萊昂斯（Mary Lyons）已獲得博士學位，因此使用她的現任職稱 —— 萊昂斯博士（Dr. Lyons）。

11　楊亞璇（Sylvia Yang）是桑德斯 – 史密斯博士的研究助理。

12　庫塔莎・布萊恩 – 席爾瓦（Kutasha Bryan-Silva）是桑德斯 – 史密斯博士的研究助理。

13　我們確實在 SARS-CoV-2 爆發期間收集了資料，包括學校應對疫情的資料。然而，本書集中討論了耀中教學法在學校場景中的應用。

第一部分

耀中陳保琼幼教理論
與實踐的演化

第二章

耀中的歷史

在本章中，我們將香港的歷史與一所私立、非牟利教育機構 —— 耀中 —— 的歷史疊加在一起陳述。章節的敍述先從香港作為英國佔領地的歷史時期開始，再談到 20 世紀 30 年代耀中在英國殖民管治時期成立了一所小學和幼兒園，隨後通過創辦耀中國際學校和發展耀中幼教學院，將教育版圖擴展至國際教育。本章內容基於對耀中先驅人物、香港歷史學者、現任耀中領導層的訪談中獲得的口述歷史記錄，以及 1932 年耀中成立之初的檔案資料編寫而成。

耀中建校之前的香港殖民管治歷史背景

從 1841 年到 1997 年（日據時期除外），香港作為英國佔領地長達 156 年。1841 年 1 月 25 日，英國正式控制香港時，這個小島主要由小型農業和漁村組成。據估計，當時香港的人口大約在 5,000 至 7,000 人之間（Sweeting, 2007）。到 1842 年初，當《南京條約》（Treaty of Nanking）授予大英帝國對香港島的永久控制權時，香港已經成為一個人口更加稠密的島嶼，約有 15,000 至 20,000 名居民。

在殖民管治初期，大英帝國官員對香港的發展潛力持有不同且常常相互矛盾的看法。然而，香港作為一個東西方貿易中心迅速繁榮起來，並成為大英帝國在華進行商業、軍事和政治活動的完美基地。1898 年，根據《展拓香港界址專條》（Convention for the Extension of Hong Kong Territory），清朝政府將新界地區（九龍半島以北的土地）租借給大英帝國 99 年。不出所料，許多英國公民在香港定居下來。20 世紀初，香港政府響應 1901 年主要來自英國的家長請願，建立了兩所為英國國籍幼兒開設的學校（Sweeting, 2007）。在這個時期，香港政府將資金用於英國國籍幼兒的英語教育（Sweeting, 2007）。香港本地的家長若是有能力為他們的孩子（主要是兒子）提供教育，就會把孩子送到內地的學校接受小學之後的教育（Sweeting，2007）。對於那些無力負擔孩子去內地上學的家長，香港政府則與傳教士合作，為他們提供教育（Sweeting, 2007）。

耀中歷史的第一個階段（1927－1972 年）

耀中的北京校區（YCIS-BJ, 2018）曾製作過一段視頻，展示了早期的耀中教育模式是如何在中國內戰（1927—1950）的動盪局勢中孕育而生的。因此，「仁」或「和諧」這一概念成為了耀中教育理念的核心。耀中的歷史可以追溯到 1927 年，當時 16 歲的曾楚珩女士與幾位朋友在香港弼街和彌敦道的拐角處創辦了一所學校。在 2016 年前耀中副校監楊雪貞女士在訪談中，描述了一個由年輕女性組成的團隊，她們對未來充滿關切，因此立志適應國家不斷變化的形勢，在香港創辦了一所名為耀華的學

校。楊雪貞女士進一步描述道：

> 她們的資源非常有限，但她們心懷宏願。她們想要幫
> 助年幼的孩子，也想要為建設國家作出貢獻，因為她們
> 相信，如果能夠一起給年幼的孩子提供教育，教導他們
> 成為好公民、好國民，那麼這是一種間接幫助建設國家的
> 方法。

1932 年，當時的耀華學校被耀中取代，第一個校區設立在香港洗衣街（YCIS-BJ, 2018）。當時，曾經和曾楚珩女士一起創立耀華學校的朋友們已經離開了該校。然而，曾楚珩女士憑藉堅持不懈的毅力和堅韌不拔的精神，高瞻遠矚地繼續以全面教育推動國家進步。她宣導將「勤、儉、謙、信」作為核心信條，提醒教師和學生培養勤奮的習慣，心存感激並保持謙虛。正如耀中教育機構所述，曾楚珩女士通過教育的力量，致力於實現振興中華和建立大同世界的目標。

此外，曾楚珩女士也堅信建立統一國家、維護和尊重中華民族傳統的重要性。因此，她將所創辦的學校命名為耀中。「耀」意為「光耀」，「中」指的是「中華」。

二戰給學校帶來了新的挑戰。楊雪貞女士敘述道：「她經歷了一些艱難的歲月，但在戰爭期間，繼續下去是不可能的。」在日本侵佔香港期間，學校暫時關閉。在戰爭結束後，曾楚珩女士重開了學校。在戰後重建期間，香港人口增長，經濟復甦。因此，香港對高品質教育的需求日益增長，耀中成為了回應這種需求的一所學校。

圖 2.1　曾楚珩女士歡迎幼兒來上學的形象

耀中歷史的第二個階段（1970－1990 年）

理念影響

　　曾楚珩女士的女兒 —— 陳保琼博士，在伊利諾大學厄巴納—香檳分校（University of Illinois at Urbana-Champaign, UIUC）攻讀幼兒教育專業。享譽國際的伯納德・斯波德克（Bernard Spodek）博士是她

在伊利諾大學攻讀博士學位期間的導師，對陳博士產生了深遠的影響。斯波德克博士的工作專注於幼兒教育課程和教師培訓。他是 20 世紀 60 年代促進美國幼兒教育領域專業化的主要推動者之一。陳保琼博士曾擔任過斯波德克博士的教學助理一段時間。

陳保琼博士最初接觸到蒙特梭利教育理念是在夏威夷大學一所蒙特梭利學校擔任實習教師時。在 2016 年的一次採訪中，陳保琼博士分享道：「當我在美國實習時，我被安排到一所蒙特梭利學校。我把這個理念帶回來了。現在你可以看到，在我們的教室裏有架子放着玩具，孩子正在學習變得更加獨立。」在攻讀博士學位期間，她還受到了維果茨基（Lev Vygotsky）、布魯納（Bruner）和杜威等理念的啟發。她也將這些理念和一些材料帶回了香港：

> 當時香港還沒有〔這樣的教育玩具〕……我從海外訂購了一些。每當我去 UIUC 參加會議或其他活動時，這些都是我收集幼兒教育材料的唯一機會。這些東西在這裏是沒有的。

在 20 世紀 70 年代為耀中現代時期的初段，它與蒙特梭利教育有很多相似之處。這些相似之處包括使用一些陳博士從美國帶回來的蒙特梭利教具。陳保琼博士發現中國文化與蒙特梭利教育理念中鼓勵幼兒有禮貌、保持教室整潔等要點存在着相似之處。值得注意的是，陳保琼博士並沒有僅僅借鑒西方的教育模式，如蒙特梭利教育，而是將耀中教學法發展為東西方教育理念之間的刻意對話。

耀中的成長

1970 年，陳保琼博士回到香港，延續了她母親追求優質教育的承諾。陳保琼博士表示，她與耀中的管理團隊在 1972 年成立了耀中幼兒園（Yew Chung Children's House）。這是九龍塘第一所專門為 6 歲以下學齡前兒童提供服務的幼兒中心。當時，香港提供給幼兒的教育資源主要以教科書為主。另外，在香港市場上銷售的教育拼圖和積木已經被設計師預設了玩法，不允許幼兒自由創作。楊雪貞女士回憶道：

> 如果我們想要購買用於計數或創意藝術的美術材料，我們在香港是買不到的。甚至連我們希望孩子可以自由創作的拼圖和積木也買不到，因為這些東西都已經被設計者預設好了玩法。我們不得不從國外訂購這些材料，或者請人製作我們需要的材料。這很不容易。

楊雪貞女士表示，在耀中幼兒園成立之前，香港有九成的家長沒有見過基於遊戲的學習方式。因此，耀中的教職工不斷向教育部門的督學和公眾解釋他們的教育理念。耀中歷史顯示，最常向家長解釋的內容包括：為甚麼不使用教科書，以及為甚麼在上學期間不遵循嚴格的時間表。幫助家長理解是一項艱難的任務，正如楊雪貞女士所回憶的那樣：

> 當他們來聽我們的介紹時，他們深受吸引。但是當他們回家與配偶或婆婆聊天時，他們得不到支持。他們最終

選擇將孩子送到更傳統的學校中。我們必須與可能有意願選擇耀中的家長面對面地交談，同時我們還必須做一些公共教育，比如找不同場所來做演講，以宣傳這種教育理念。

楊雪貞女士、陳保琼博士與耀中教職工一起積極推廣進步主義幼兒教育模式，以爭取社會的支援。楊雪貞女士說：「我們與他們合作，讓家長看到他們的孩子可以通過遊戲來學習。」陳保琼博士通過向香港的教育行政人員、家長和教師展示一些實際的例子，提供了大量證據證明幼兒可以通過遊戲和引導式探究來學習。

從 20 世紀 80 年代中期開始，國際居民和臨時移民的人口統計資料顯示，香港需要愈來愈多的小學（Sweeting, 2007）。在這一時期，陳保琼博士將耀中的幼兒園擴展到香港的多個地區，成為該地區教育服務的主要提供者。當時，香港的社會大眾認為私立學校教育最終將會對就業和出國留學有所裨益（Sweeting, 2007）。這個時期是香港殖民管治歷史中獨特的十年，耀中開始思考甚麼是真正的國際教育，以及如何將東西方文化精髓融合在一起。

1987 年 9 月，耀中國際小學在香港成立（YCYW, 2022）。小學從少量創校生開始，逐年擴展一個年級，以英國國家課程（British National Curriculum）為基礎，並針對耀中的幼兒和本地環境做出適應性調整。1989 年，耀中幼兒之家還開設嬰兒和學步兒課程。愈來愈多的家長選擇耀中國際小學而不是其他私立學校，因為他們希望孩子能夠精通中英文，掌握必要的技能，以適應各種文化和民族的生活。陳保琼博士說：

我們在華人社會中長大，但也學會了英文。香港有許多人都會說英語和中文。國際化不等同於西方化。我相信國際化應該是各種文化的融合。東西方文化的融合，英語和中文的融合。語言本身是挖掘知識的工具。

耀中的首要目標是開發一個國際課程，將東西方教育理念和實踐的精髓融合在一起。陳保琼博士的願景是培育掌握東西方兩種主流文化的 21 世紀新公民。為了實現這一願景，耀中聘請了課程和研究人員，與有資質、有經驗的教師一起創建和實施一個具進步主義理念特點的國際課程。因此，耀中的建校衍生出一個獨特而充滿活力的雙語和合作文化課程。同時，耀中採用了中英文並重的雙語政策（YCIS-BJ, 2018）。最初，學校由一位說英語的校長和一位說中文的副校長共同執行該政策。隨後，為了追求完全的雙語主義和平等的文化影響，耀中管理者迅速決定採用雙校長制度，即由一位外籍合作校長和一位華籍合作校長共同管理學校。

陳保琼博士對香港教育體系的影響

回顧耀中過去 90 年的歷史，陳保琼博士對香港教育體系的影響是相當突出的。正如前文所述，陳保琼博士回到香港之前，香港的幼兒教育是一個不發達的領域。陳保琼博士通過在香港推廣「遊戲中學習」的開創性概念，引領了幼兒教育改革。她對幼兒教育的創新構想，在 20 世紀 70 年代影響到香港的政策制定層面，她與小一入學試關注小組一起向當時的香港政府提出了一系

列建議，旨在修改與小學入學考試有關的政策，以減輕學齡前兒童所承受的壓力；此外，陳保琼博士還建議創建幼兒教師的標準化薪酬表（這是對幼兒教師專業地位的認可，並將中文中學的初中階段完成和英文中學畢業作為幼兒教師行業准入的資格）；同時，她還提議成立頒發學位的教師培訓機構，並發展政府資助的幼兒教育課程。

在這個時期，陳保琼博士進行了有關幼兒發展規畫（developmental programming for young children）的演講，積極參與幼兒教師培訓，並在香港各地為家長開設課程和研討會。為了提高公眾對幼兒教育重要性的認識，陳保琼博士擔任香港教育署[1]的顧問，撰寫文章和書籍，主持廣播節目，並在教育電視節目中亮相。我們在與耀中領導層的訪談中，談及陳保琼博士 1980 年在香港舉辦題為「幼兒是如何學習的」大型展覽中的領導作用，這是亞洲第一個向公眾展示「遊戲中學習」概念的展覽。展覽的一個特色是設置了一個模擬教室，並邀請幼兒參與遊戲。作為展覽中的一個代表性例子，耀中教育工作者與前來參觀的幼兒合作，讓家長直接觀察到他們的孩子是如何通過遊戲來學習的。

陳保琼博士對香港教育體系的進一步影響還體現在 1982 年香港教育司署發布的《小學教育及學前服務白皮書》和起草的小學入學原則。1989 年，耀中通過以下途徑得到其影響的回報：對政府有依據的監察、家庭的支持，以及陳保琼博士作為組委會主席，召集了由聯合國兒童基金會（UNICEF）贊助的首屆國際幼兒教育與發展國際研討會（0-6 歲），當時參會者眾多。該會議是第一個強調 0-6 歲嬰幼兒教育重要性的全球性討論。據歷史資料的三角互證表明，陳保琼博士和耀中對香港 1997 年幼兒教

育課程產生了巨大影響，使其從過度注重結構化學習轉向更注重遊戲和以項目為基礎的教學方法。[2]

從中國香港到其他地區：擴展至內地和美國（1990 年至今）

在一個充滿挑戰的時代，曾楚珩女士創辦了耀中，旨在創建一所能夠兼容並蓄地培養有仁德之心的學生的學校，並將西方哲學原則和中華民族傳統價值觀融合在課程中。近一個世紀後，耀中已經發展成為一個在全球多地設有分支機構的國際學校。

為了推廣耀中教學法，並在內地和香港之間架起交流幼兒教育實踐的橋樑，中華人民共和國教育部、北京市教育委員會和香港幼兒教育及服務聯會於 1985 年聯合主辦了第一屆幼兒教育展覽會「明日棟樑」（YCIS-BJ, 2018；YCYW, 2022）。據香港報紙當年的報道[3]，陳保琼博士擔任該展覽會的籌備委員會發言人，她呼籲在展覽會中展示耀中的教育理念和方法，從而為當地政策制定者、幼兒教育從業人員和家長提供溝通和反思的機會。最終，這次活動為耀中幼兒教育在香港以外地區與內地合作和對話打開了大門。

在我們與耀中領導層 2022 年的訪談中，他們提到類似的交流也於上世紀 90 年代初在中國前國家領導人鄧小平發表了南巡講話後擴展，他將處於中國經濟發展核心位置的上海定位為中國的國際金融中心。由於外國企業和投資者的湧入，上海市政府認為有必要為不斷增多的外國移民兒童提供優質教育。因此，了解杜威進步主義價值觀的各教育組織的上海代表紛紛前往香港參觀

耀中學校。最終，於 1993 年，在香港以外地區成立的第一所耀中學校 —— 上海耀中外籍人員子女學校（或稱上海耀中國際學校）—— 成為上海首家獲得政府註冊和認可的國際學校。耀中上海分校的開辦為上海的幼兒教育樹立了榜樣，同時也是內地國際學校的先驅，促進了進步主義和實用主義原則的發展，而這些原則融合了中西方教育理念和價值觀。

在上海耀中國際學校開辦兩年後，北京市政府的官員認識到了這種模式，並訪問了上海分校。於是，1995 年北京耀中國際學校在北京市朝陽區成立。繼上海和北京之後，耀中於 2001 年和 2006 年相繼在重慶和青島開設了分校。此外，耀中於 2002 年還在美國加利福尼亞州的矽谷開辦了第一所在亞洲以外地區的學校。

為了提供優質教育給中國和外籍學生，陳保琼博士和她的丈夫葉國華教授於 2000 年為內地本地兒童創辦了耀華國際教育學校，第一所學校位於山東煙台。與耀中不同，耀華國際教育學校基於中國政府的國家課程，提供了整合西方哲學和本地價值觀的雙語教育，並通過對 2–18 歲學生的品格塑造來培養儒家思想所宣導的人道觀。耀華國際教育學校採用類似於耀中在內地不同地點創辦分校的模式，也先後在上海古北（2001）、廣州（2014）、上海臨港（2015）、北京（2016）和浙江桐鄉（2017）建立了分校。此外，耀華國際教育幼兒園和嬰幼兒探索中心也為內地本地居民服務，在上海（2002）、重慶福地（2011）、重慶融科（2013）、山東日照（2013）、青島（2016）和深圳（2020）等地都設有分校。2006 年，耀中耀華薩默塞特文化中心還在英國薩默塞特郡正式成立。

邁向 21 世紀

　　教育領域不斷變化的局面以及教育實踐不斷演變的本質，促成了耀中教育模式在最近十年明顯且刻意的轉變。為了銘記和反思耀中的實踐，陳保琼博士在 2010 年要求所有學校實施一個為期五年的計畫，涉及到結構、社會、教學和環境上的變化。[4] 曾是耀中香港校區幼兒園的前任外籍合作校長，後來又擔任了耀中幼教學院實習和專業發展部門總監的妮基，是協助制定香港校區幼兒教育五年計畫新原則的關鍵人物。妮基校長在 2016 年的一次採訪中將這項計畫描述為「一個評估過程，包括我們當時正在做的事情和我們想要做的事情」。她指出，這些轉變的出發點是為了儘量實現周全、增加透明度，並改善當時他們在實踐中的關係。這個五年計畫是通過當時幼兒教育高層領導團隊與督學伊莉莎白・蘭德爾（Elizabeth Randall）合作進行的深入和廣泛的對話來啟動的。這是一個長達一周的反思活動，領導者討論耀中「教育」的願景，並努力將幼兒教育最佳實踐與陳博士的進步主義教育願景保持一致。耀中的教師和管理者對本地和國際上其他教育課程進行了調查訪問，以探索升級和改善耀中教學法的可行方式，從而應對幼兒教育領域的新趨勢。

　　五年計畫的實施帶來了一系列的變化，包括領導層、教學法、班級計畫、教學結構、教學記錄、學習環境和家園關係的轉變。首先，耀中幼兒園中層領導團隊發生了一系列改變，包括設置華籍和外籍主任，兩者之間形成平等的跨文化合作關係。此外，耀中每周還會開展領導研修課程，並制定導師計畫，旨在讓合作校長指導合作主任，合作主任指導合作教師。

在耀中陳保琼幼教理論與實踐方面，學校從一種相對由教師主導並採用主題預設方法的方式，轉變為更加以兒童為中心的生成課程方法。讓幼兒能夠自然浸潤在普通話、粵語和英語的環境中，語言和讀寫被視為整體的語言學習。每個校園被視為一個完整的學習共同體，在這裏教師相互合作並開放他們的教室，同時共用公共學習區域，為幼兒提供參與各種體驗和關係的機會。教職工經常參加閱讀和行動研究討論會、小組學習會和校區範圍的會議，以獲得專業培訓和發展機會。

在班級計畫方面，教室裏的合作教師團隊被視為夥伴，在觀察和反思幼兒的基礎上，合作制定班級計畫。這些計畫會提交給校區主任，校區主任每月需要與每個班級召開兩次會議。在這個轉變發生之前，教師是獨自進行計畫，較少關注幼兒的興趣。雖然之前的主題是以遊戲為基礎的，但是這些主題會被教師所壟斷，因為他們會在班級不同區域預設各種主題。教學結構也調整為更具合作性的模式，教師每周至少會見兩到三次，一起制定計畫並建立起穩固而富有人情味的人際關係。合作教師會使用幼兒作品的照片並輔以英文和中文文字，有意識地定期記錄幼兒在做的事情。他們還會製作個人檔案，記錄幼兒的獨特視角、學習成果以及他們與物理和社會環境的互動。

在這次改變之前，雖然兒童尺寸的桌椅是標準配置，但是幼兒並不能輕易使用所有的材料。因此，耀中委託外部供應商定製了所有的教室家具。如今，教室已經轉變為共用空間，使用自然和大地色調來建立一個舒適、不過度刺激的環境，以便教師和幼兒在其中共同構建知識。這個環境被視為體現幼兒學習的空間，提供開放性材料，讓幼兒按照自己的興趣進行操作和探索。最

後，在這個五年計畫之前，主要由華籍幼兒教育領導者負責與家長的互動。現在，中外籍主任和合作教師團隊都要定期與幼兒的家庭保持聯繫，以建立更好的家校合作關係。教師積極尋找有意義的方式邀請家長來到他們的教室，打開門讓家長參與到學校裏發生的學習活動中。

邁入高等教育

在 21 世紀初，香港教育局開始發展社區學院體系，旨在提高高等教育的參與率。為了支持這一倡議，耀中教育機構於 2008 年成立了耀中社區書院（Yew Chung Community College, YCCC）。書院最初側重於通識教育，以支持學生轉入其他本科課程。2012 年，陳保琼博士和其他社區書院領導者決定引入幼兒教育課程，因為這是耀中的明顯優勢。現任耀中幼教學院理事會主席、陳保琼博士的姪女陳麗生博士參與研發了耀中社區書院的第一個副學士和高級文憑的幼兒教育課程。2014 年，該學院成為香港第一所提供正規教師培訓或證書課程的非營利性私立機構。

2018 年，學院升級為頒發學位資格的高等教育機構，並更名為耀中幼教學院，同年，在政府批准的香港仔田灣校舍開設了幼兒教育榮譽學位課程。耀中幼教學院是亞太地區第一所專注於幼兒教育的高等教育機構，在本書撰寫時仍然是唯一的一所。2019 年，學院為 0 至 8 歲幼兒設立了一個互動式遊戲空間，取名為耀學園，它向社區的所有家庭開放，並作為學院教師和學生的「日常實驗室」（living lab）。學院的課程也反映着耀中的教育理念。陳麗生博士在 2022 年接受採訪時指出：

我一開始就非常堅決地認為我們提供〔給準教師〕的實習方式與其他教師培訓機構非常不同。我們希望在幫助學生學會帶領活動之前，能夠非常有意識地先培養他們作為教師的觀察技能。無論是高級文憑或學士學位課程，我們的實習教學方式，是一個我們試圖鼓勵他們去觀察、反思然後以教師身份進行回應的漸進式過程。

　　這種支持職前教師觀察和反思幼兒活動的方法，為他們採用進步主義教育實踐奠定了基礎。耀中幼教學院的許多學生也有機會在耀中的幼兒園完成規定實習學時。正如陳麗生博士所說：「我們學院的課程，是真正發展於近 90 年來實施幼兒園課程的經驗之上的。」

小結

　　耀中在過去的 90 年中發展壯大，從香港彌街和彌敦道拐角處的一所小型小學和幼兒園，發展為在全球有多個分校的幼兒園、中小學校網路和幼教學院，可以為從嬰兒到本科生的各個年齡段的學生提供教育。耀中一直是並且仍然是幼兒教育實踐的領導者和拓荒者。

　　耀中幼教教學法是一種獨特的幼兒教育方法，它將東西方教育理念與幼兒發展前沿研究、耀中教師和管理者的專業知識以及班級中不斷進行的實踐相結合，並在本章所述的歷史背景下不斷發展和完善。本書接下來的章節將介紹和闡述耀中教學法，以及香港耀中是如何實踐這一方法的。

註釋

1　香港教育署，2003 年與教育統籌局合併，現時稱為教育局。

2　據香港教育大學幼兒教育系助理教授譚寶芝博士的相關研究。

3　成報（1985 年 5 月 26 日）。香港幼兒教育將介紹入中國內地，在北京開展覽會，一家一子制出現問題。華僑日報（1985 年 5 月 26 日）。香港團體首次與內地單位合作提高內地幼兒教育下月北京舉辦展覽會。

4　耀中的五年計畫（Yew Chung's Five-Year Plan）。

第三章

十二項信條

　　自 20 世紀 70 年代以來，在陳保琼博士的領導下，耀中就以其進步的幼兒教育課程而聞名。2010 年，幼兒教育部的教師和管理者進行了自我評估，考慮在支持兒童發展、探究、社交和多語言能力等前沿研究和實踐的基礎上，如何進一步推動課程發展，保持耀中在幼兒教育實踐方面的先進性。這次評估促使耀中更深入地、刻意地採用一種具意圖性的探究式課程模式，並重點關注生成課程、自然的多語言學習、有趣的語言學習，以及有意識地在所有領域融入的社交和學業技能。耀中陳保琼幼教理論與實踐的基礎是教師對幼兒和童年的看法，以及在班級內外刻意建立的關係。

耀中陳保琼幼教理論與實踐的十二項信條

　　為了定義耀中教學法，研究團隊在 2016 年資料收集期間，進行了長時間的觀察和對教師的訪談，並初步提出了十二項信條。在隨後的資料收集和對耀中檔案的審閱中，研究團隊又對這些信條進行了更深入的探討。2018 年 3 月，這些信條首次在耀中 85 周年慶典上呈現給所有耀中和耀華的幼兒教師和管理者。2019 年 1 月，在黃山舉行的耀中國際學校和耀華國際教育學校[1]

領導者研修會中，這些信條再次呈現給了所有耀中和耀華的領導團隊。在這兩次介紹之間，香港耀中幼兒園的中外籍合作校長和

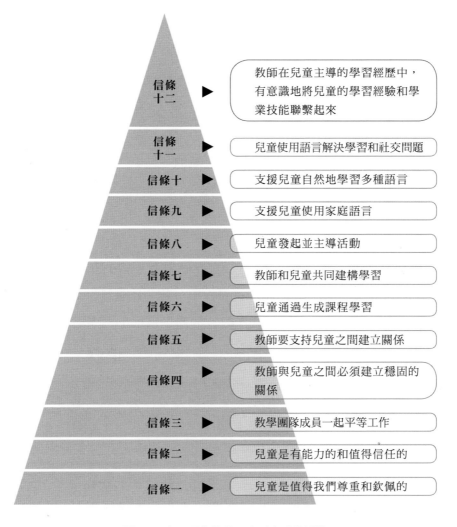

信條十二 ▶	教師在兒童主導的學習經歷中，有意識地將兒童的學習經驗和學業技能聯繫起來
信條十一 ▶	兒童使用語言解決學習和社交問題
信條十 ▶	支援兒童自然地學習多種語言
信條九 ▶	支援兒童使用家庭語言
信條八 ▶	兒童發起並主導活動
信條七 ▶	教師和兒童共同建構學習
信條六 ▶	兒童通過生成課程學習
信條五 ▶	教師要支持兒童之間建立關係
信條四 ▶	教師與兒童之間必須建立穩固的關係
信條三 ▶	教學團隊成員一起平等工作
信條二 ▶	兒童是有能力的和值得信任的
信條一 ▶	兒童是值得我們尊重和欽佩的

圖 3.1　十二項信條從理念到實踐的遞進

合作主任開始圍繞信條一和二設計專業發展工具，並在 2019 年
1 月的領導者研修會中進行了介紹。截至 2021 年，耀中幼教學
院的學校管理者和教職工也針對所有信條開展了專業培訓。管理
者和教學團隊一致認為，這些信條闡明了他們的工作和耀中教學
法有關幼兒教育的理念。以下的內容和實例均來自 2016 年所收
集的資料。

　　以金字塔圖（圖 3.1）展示了十二項信條，用於說明這些信
條從理念到實踐的層層遞進，並顯示一些信條為其他信條提供了
基礎。

信條一：兒童是值得我們尊重和欽佩的

　　耀中的教師認為，幼兒園的班級是一個特別的地方，幼兒可
以在這裏深入探究世界和自己的天性。正如妮基校長所說：「學
校應該是有趣的、吸引人的……它應該讓孩子成為孩子，並用
他們自己的方式和自己的節奏發展。」一位華籍主任也強調道：
「我相信每個孩子都是獨一無二的。他們以自己的節奏發展。我
們需要尊重這個節奏。我們需要，作為教育者，我們需要有耐
心，陪伴他們。」

　　教師和管理者認為，幼兒天生的創造力和勇氣意味着成人可
以向他們學習。幼兒有值得成人關注的想法和觀點，應該受到重
視和尊重。奧莉維亞說：

　　　　我認為我們成年人可以從孩子身上學到很多東西。我
　　　相信他們天生具有極強的創造力，但在他們學習生活規則

的過程中，這種創造力會逐漸減退。所以，我很欣賞他們認為一切皆有可能的態度。

教師和管理者強調，學校要認識到每位幼兒的多種可能性。路易莎說：「我們非常尊重孩子，我們也認為孩子之間是不同的。所以，我們尊重孩子和他們自己的想法。」

耀中教學法的基本理念是，把童年視為發展的一個時期，在這個時期裏，幼兒極具創造力，充滿自己的想法。此外，耀中教學法的另一個基礎性觀點是，每一位幼兒都是獨特的、有價值的，而且此刻就是作為孩童模樣的自己與將來要成長為的成人的綜合體。因此，教師和管理者注重從愛和理解的角度來對待幼兒，讓他們感到安全、受保護，並學會愛和尊重他人。

在班級中，這項信條通過與幼兒長時間、認真的交流，了解他們感興趣的事情來體現。教師會與幼兒坐在一起，傾聽他們的想法，向他們提出問題，並與他們平等地互動，下面是一個例子：

安東尼、焦和南森老師坐在操場上聊天；安東尼拿出一個變形金剛玩具給南森老師看，南森老師安靜地坐着，看着安東尼如何將玩具變形。

〔以下所有對話都是用英語進行的〕

安東尼：就是這樣！

南森老師：完成了？像這樣？〔安東尼點頭〕。哇！這真的就像是一個變形金剛。它有名字嗎，那輛車？

焦：只是一輛車。

安東尼：南森老師，它就像一個機器人一樣。

信條二：兒童是有能力的和值得信任的

　　教師和管理者都強調，他們相信幼兒天生的好奇心推動了他們的學習。教師認為他們的角色是幼兒的支持者與合作者，讓幼兒自己的學習想法得以展現。正如南森老師所說：「我的支援在於提供資源。或者我的支持是為了推動某些孩子的想法。」教師和管理者認為，當幼兒在一個受到尊重的環境中得到支持時，他們會創造出比教師考慮得更深刻的新想法。教師的角色是坐在幼兒旁邊，傾聽他們想要表達的內容。埃爾西老師說：「我相信，孩子的能力和勝任程度遠遠高於一般成人對他們的了解和理解。」

　　這個信條可以在班級中觀察到，主要看教師是否願意減少干預，盡可能讓幼兒自己解決問題。例如，有一天，教室裏的影印機壞了，幾位幼兒聚在一起試圖弄清楚發生了甚麼事情：

　　　　〔以下對話是用粵語進行的〕[2]
　　　　喬治：它在清潔嗎？
　　　　健：是的，它正在清潔。

　　　　〔以下對話是用英語進行的〕
　　　　奧莉維亞老師：噢，發生了甚麼事？
　　　　健：讓我來，讓我來，奧莉維亞老師。〔奧莉維亞老師看了一會兒後就走開了〕

　　　　〔以下對話是用粵語進行的〕
　　　　喬治：我覺得是沒有墨水了。

> 卡洛琳：*啊，它卡住了。現在沒有墨水了。*
>
> 米婭：*這裏太擠了。別碰它。*
>
> 健：*我知道現在要做甚麼了。*

這時，幼兒有了解決影印機問題的機會，並成功地解決了這個問題。教師不干預，而是在旁邊觀察，這就為幼兒提供了共同尋找解決方案的機會，這種機會可能是他們以其他方式得不到的。

信條三：教學團隊成員一起平等工作

耀中教學法與香港其他學校明顯不同的一點是，兩位合作教師之間的關係。雖然香港許多幼兒教育課程都是雙語或三語的，但常見的模式是英語和粵語（或普通話）教師輪流進出班級，而不是一起工作。或者，粵語教師是主要教師，英語教師只在部分時間進入班級授課。但是，耀中的不同之處在於，兩位教師全天都待在班級裏，而且兩人都是具同等資格的教師，他們之間沒有等級關係。正如妮基校長所說：

> 我看過其他學校聲稱他們也是雙語課程，但英語老師會離開教室，然後中文老師就會進來。這樣仍然存在文化和語言之間的二元對立，孩子接觸到的東西也不同，但當中英文老師一起出現在教室裏時情況就不一樣了。在耀中，你會看到教師們、校長們之間的合作關係。你真的能夠感受到大家團結一致的氛圍。

兩位合作教師必須分享他們對幼兒的觀察，思考相應的回應，並作為一個團隊來實施班級實踐，同時在過程中願意考慮彼此的觀點並結合雙方的想法和理念。這正如路易莎所說的：

> 我們妥協，然後我們也會達成協議，因為我們彼此了解。所以，我們的關係很好⋯⋯有時候我們會意見不合，但這不是甚麼大事⋯⋯這是非常重要的一個部分，因為我們的文化不同，我們的語言也不同。

在耀中的班級裏，顯而易見的是有一個舒適環境，在這個環境中，教師可以決定何時加入和退出幼兒的探究；或者一位教師與一組幼兒開始討論，而另一位教師則會加入並了解正在發生的事情。

信條四：教師與兒童之間必須建立穩固的關係

耀中的教師和管理者強調，班級中兩位教師與所有幼兒都建立穩固的關係非常重要。儘管幼兒可能一開始會被說自己家庭語言的教師所吸引，但教師刻意與幼兒建立不受幼兒家庭語言和教師語言限制的關係。正如南森老師所說：

> 我認為孩子非常願意與我談論各種事情。對他們來說，我在班級裏創造了一個讓他們感到非常安全的環境，他們知道那裏有老師，但沒有權威。

然後幼兒會根據興趣、活動需求或個別教師的性格特點在兩

位教師之間來往，而不是根據說哪種語言來進行互動。一位外籍主任說：「我們把它作為與孩子建立關係的重點……即使存在語言障礙，大家也會知道這是一個善良溫和的人。」

管理者特別強調教師與幼兒建立積極關係的重要性，因為這會成為幼兒之間關係的示範。正如凱孃校長所言，這種關係建立的重要組成部分是教師對幼兒的尊重：「我們需要讓孩子們與其他學生和成人建立良好的關係，尤其是成人。我們需要尊重孩子並與他們建立良好的關係。」

在班級裏，這些關係是通過身體上的親近和接觸來體現的。幼兒會倚靠在教師或坐在教師腿上。當幼兒經過教師身邊時，他們常常會用手輕拂教師的背或腿。同樣地，當幼兒坐在教師旁邊時，教師會用手臂摟着幼兒，或者在經過某個區域時輕觸他們的頭或肩膀。教師和幼兒會進行輕鬆的對話，分享他們的生活。例如，當奧莉維亞老師與一羣幼兒分享她家人的照片時：

〔以下對話是用英語進行的〕

霍莉：這是奧莉維亞老師！奧莉維亞老師太滑稽了！你太滑稽了。

奧莉維亞老師：滑稽？好吧〔指着照片〕，我的妹妹，我最親愛的和最小的妹妹。

霍莉：哪裏？〔奧莉維亞老師又指了一下〕

奧莉維亞老師：這是我二姐，然後這是我大姐，然後這裏是我的妹妹娜特莉婭（Natalya）和艾維（Evie）。

麗莉克：娜特莉婭？我也想要一個叫娜特莉婭的妹妹！

霍莉：你在家是第幾大？

奧莉維亞老師：第三。

信條五：教師要支持兒童之間建立關係

幼兒通過自己的經歷、體驗和探索學習。教師們認識到，幼兒與同伴的關係和互動支持着他們的學習。幼兒們可以一起分享想法、辯論、互相模仿、解決問題，妮基校長說：「所以，如果孩子有安全保障，彼此之間有互動，以及有一種在孩子探索的過程中需要以積極、支援的方式進行的理念，〔探索〕會自然而然地發生。」

當教師與幼兒合作並建立起關係，且這種關係能支持幼兒的想法和興趣時，他們希望幼兒也能學會認識到他人興趣的重要性。凱孃校長在一次訪談中就談到這一點：「我們需要回應孩子的興趣。然後這些孩子應該會非常敏感地觀察其他孩子，找出他們的興趣所在。」

教師可以通過建議幼兒共同解決問題或互相分享他們所發現的事物，來支持幼兒之間建立關係。以下的例子說明了這一點，在這個例子中有一位幼兒將磁鐵連接到一串迴紋針上，製作了一個可以用來撈取磁性物體的釣魚竿。

〔以下對話是用英語進行的〕

安娜麗絲：看，它可以和自己相連，南森老師。

南森老師：哇！它是可以連接。

凱莉：南森老師，你能做一個像那樣的給我嗎？

南森老師： 我不能。我沒有給安娜麗絲做那個。她自己做的。

　　凱莉： 我不知道怎麼做。

　　南森老師： 好吧，你可以跟安娜麗絲談談，問問她是怎麼做的。

　　在耀中，幼兒的友誼被認為對他們與課程的互動非常重要。教師、主任和校長強烈建議，當幼兒從幼兒教育階段轉入小學時，他們原來的朋友圈子應該要繼續保持。

信條六：兒童通過生成課程學習

　　教師為幼兒大大小小的探究提供便利與支援。這些探究是幼兒在班級裏的遊戲、與他人的互動以及與環境的互動中自然地發生的。不同主題的探究時間長度可能不同，而且隨着幼兒重新發現主題並提出新的探究問題，有些探究主題可能會在整個學年重複出現。南森老師說：

　　　　我們相信我們〔課程〕是生成式的，因為我們看到孩子正在做的事情，並以他們的喜好來擴展他們的興趣。基本上我們老師會經過一段時間的觀察、反思和回應。我們觀察那些孩子。我們非常重視觀察……我們課程的獨特之處在於中西方文化，我們擁有如此多不同的想法和背景……我們擁有中西不同方視角。我們如何結合這兩個方面進行回應呢？

在 2016 年 5 月的班級觀察中，有一個班級正在進行一項關於香港鐵路（Mass Transit Railway, MTR）的長期探究。此外，他們也展開了關於冰（在與一位小學科學教師製作雪糕的經歷後）和操場上發現的昆蟲的短期探究。教室牆上還留下了之前有關房屋和建築、正式着裝（主要是婚禮着裝）和蝸牛的探究痕跡。另一個班級的幼兒則正在進行一項關於昆蟲的長期探究，他們還對魚和釣魚（這是其中一位班級教師的周末愛好）產生了興趣。整個學年中，幼兒也斷斷續續對數字和計算產生了興趣，教室的牆面上也留下了這方面興趣的痕跡。

所有這些浮現出來的和持續進行的興趣都能在班級觀察中看到。教師會觀察這些興趣並持續做出教學決策，以促進幼兒更深入地參與，例如，在積木建構區添加地鐵路線圖，支持幼兒使用電腦搜索他們發現的昆蟲並用黏土進行創作，或者冷凍各種物質以觀察它們會形成甚麼樣的冰。當教師注意到某個興趣再次出現時，他們會回顧之前的探究，並在此基礎上進行下一步探究，例如，當幼兒在操場上發現蝸牛時：

〔以下對話是用粵語進行的〕

埃爾西老師：*為甚麼牠在扭動？*

大衞：*牠害怕了。*

埃爾西老師：*我們需要為蝸牛找一些土。我們去後面找些土怎麼樣？我想後面可能會有土。*

威廉〔用普通話對格蕾絲說〕：*把你的手放在我的手旁邊，如果牠從我手上掉下來，你就可以接住牠。*〔所有人都在操場上為蝸牛尋找合適的地方〕

埃爾西老師：哦，這裏看起來是個不錯的放置牠的地點。

大衞：蝸牛喜歡大自然。

威廉：讓我們為牠找一個更大的地方。這裏的土不好。

埃爾西老師：那麼哪裏是好的地方呢？

威廉：花園。

格蕾絲：我想牠喜歡在那裏爬。

信條七：教師和兒童共同建構學習

　　樹立一個將幼兒視為有能力的學習者並值得尊重的兒童觀，有助於創建一個教師和幼兒共同解決問題或尋找答案的班級環境，而且教師和幼兒在其中都呈現着師者和學習者的角色。正如路易莎所說：「我更喜歡我們能夠與孩子一起創造一個環境。教師和孩子一起做這件事。」凱孃校長進一步闡述了這個想法：「例如，有個孩子在花園裏發現了一隻蟲子。然後老師會說：『哦，這是甚麼？你看着牠會想到甚麼呢？』然後他們會一起回答這個問題。」

　　教師和幼兒一起創造用於探究的問題、計畫探究活動並尋找答案。教師必須對幼兒提出的想法持開放的態度，即使這些想法連他們自己都未曾考慮過。在下面的例子中，埃爾西老師和伊莎貝拉在網上查閱了一份野外指南，以了解更多有關她們在遊樂場發現的昆蟲資訊：

〔以下對話是用粵語進行的〕

埃爾西老師：我們先看看這個。說這是一隻成年昆蟲。

伊莎貝拉：那這個呢？那是妹妹。

> 埃爾西老師：這個嗎？你說得對。牠們是一樣的。那這個呢？牠是成年昆蟲還是幼蟲？
>
> 伊莎貝拉：成年昆蟲。因為牠更大。這個比那個大。這是一隻成年昆蟲。牠看起來像一隻蜈蚣。

信條八：兒童發起並主導活動

耀中的教師和管理者相信幼兒是自己學習的建構者。幼兒參與活動是因為他們對這些活動感興趣，並尋求知識或技能來幫助他們更多地了解他們想完成的任務，或他們發現的概念。教師觀察幼兒並提供材料，使幼兒可以自主地嘗試不同的想法，並作為更博學的人為彼此提供支援，而非由教師來不斷扮演着填補知識空缺的角色。凱孃校長說：「我們讓孩子繼續自己學習。我們只是，教師只是支持幼兒，如何學習，如何擴展他們的探索。」路易莎舉了一個例子：

> 他們喜歡畫畫。然後有一天，其中一個孩子用釘書機製作了一本書。然後我坐在他們旁邊，幫助他們寫下他們畫的東西。他們編了一個故事。

支持幼兒的自主性，也是計畫的一部分，包括每日和每周的計畫，以及一些即時做出的決策。教師有時會提供給幼兒一些材料，以擴展他們在一周初期時表現出來的興趣。或者，當教師在某一天可能意識到幼兒需要一個新的工具或思路時，他們會投入足夠的時間來提供相關支持，然後再退出。

信條九：支援兒童使用家庭語言

雖然耀中是一個多語言的環境，但教師尊重幼兒使用平時與家人交流時所用的家庭語言，而且他們的家人也具備多語言能力。教師認為，允許幼兒在必要或願意時在學校使用家庭語言，這樣做可以讓他們在校的一整天都積極參與學術和社交活動，這也為幼兒提供了安全感，因為當他們學習另一種語言時，他們仍可以通過家庭語言被理解。此外，教師還認為，掌握扎實的第一語言可以讓幼兒更好地習得其他語言。正如奧莉維亞所說：「如果你掌握了一門讓你感覺很強大和自在的語言。那麼你的其他語言學習就會建立在你對第一語言的理解之上。」

信條十：支援兒童自然地學習多種語言

耀中定義其使命為「培養具有全球視野的、同理心的、以服務為本的領導者，他們致力於為創造一個更美好的世界而行動」。作為全球公民，耀中推廣一種多語言和多文化的課程和教學法，在學校裏同時使用英文和中文（在香港地區使用粵語和普通話，在其他地區使用普通話），並為幼兒提供與教師和同伴使用多種語言的機會。由於多種語言是同時使用的，因此幼兒的語言學習是自然發生的事情，幼兒會在意識到時就使用語言的必要性時進行語言學習（Pratt, 1948）。幼兒會在班級中學習如何實踐跨語言，以支持那些在一種或另一種語言上不太流利的同伴，或與華籍、外籍老師交談（García & Wei, 2014；García et al., 2017）。妮基校長描述了幼兒如何採用這種方式使用語言：

對他們來說，這是一個非常自然的過程。我們甚至有一些 4 歲的孩子會在中文老師說話時主動為英語老師翻譯。他們自己想這麼做，沒人要求他們這麼做。他們很清楚不同的人會說不同的語言，並且能夠建立聯繫，這種理解非常深刻。他們能夠輕鬆地切換語言，他們感到很自在。

在教室裏，我們觀察到幼兒會切換語言來與不同語言的教師交談，或是在遇到對某種語言有特別偏好的同伴時，他們也會切換語言與他們溝通。即使在某種語言上流利程度比較低的幼兒也仍然會努力地與兩位教師互動。兩位教師都非常有意識地與所有幼兒互動。

教師利用生成課程和幼兒的自主活動來進一步支持幼兒的語言學習。教師會根據幼兒持續的興趣來吸引他們參與活動，而不是根據幼兒正在使用的家庭語言或其他語言。此外，教師會利用他們與幼兒的關係來參與和退出不同的活動，並鼓勵會說不同家庭語言的幼兒之間相互合作。

信條十一：兒童使用語言解決學習和社交問題

維果茨基在有關幼兒私語（private speech）的著作中（Vygotsky, 1962, 1987）指出，口頭表達出來的（私人的）話語，是幼兒把思維和語言開始結合起來的必要的過渡步驟。4 歲時，雖然幼兒的思維和語言已能更加完全地結合起來了，但把想到的問題說出來，仍然可以幫助他們解決問題。因此，本研究觀察到的幾個班級的一個重要特點是，通過幫助幼兒說出問題（用他們的第一語

言或其他語言）或讓教師說出問題來幫助幼兒解決問題。這些問題包括學業問題（例如，如何建造一座不會倒塌的塔？）和社交問題（例如，我該如何向我的朋友表達他拿走我的鉛筆讓我生氣了？）。埃爾西解釋了這些在班級裏是如何進行的：

> 當他們感到沮喪或對某人感到憤怒時，我們首先會關注或承認他們的情緒。「啊，我知道。我看得出來，你似乎有些沮喪。我知道。」然後，我們會描述我們所看到的情況。例如，「啊，幼兒 A 拿了你的玩具，對嗎？那你可以和幼兒 A 說甚麼呢？你能把你的感受告訴你的朋友嗎？」實際上，我們不是事件的主角，我們只是在一旁支持他們。

這種語言的使用在教師與幼兒的一日互動中持續發生。其中有些語言提示是為了加深探究或促成認知活動的發生。例如，有個班級裏的幾名幼兒希望用一根 PVC 管作為汽車的坡道，但他們很難讓管道的圓形端在椅子上保持平衡，路易莎說出了正在發生的事情，促使幼兒認識到問題出在哪裏，並重新思考他們的解決方案。

在第十一項信條中，我們注意到，通過語言的刻意支援來幫助幼兒解決問題，可以培養幼兒的社會情感能力。幼兒能夠使用語言並作出回應，從而對困難或困惑的情況取得一定程度的掌控。促成這方面實踐的一種策略是教師通過描述社交衝突（如埃爾西所述）來促使幼兒認識到衝突是怎麼回事，這可以從下面的例子中看出。在這個例子中，幾位幼兒正在遊樂場上玩冰塊，這些冰塊是他們之前因為對冰和物質狀態感興趣而製作的。

麗莉克和拉里薩在桌子上放了一堆冰塊。埃馬紐埃爾走近並看着冰塊，沒有說話，他拉起站在附近的奧莉維亞老師的手：

〔以下對話是用英語進行的〕

　　奧莉維亞老師：〔沒有明確指向任何人〕嗯，埃馬紐埃爾真的想要一塊冰。

　　拉里薩：不行。

　　麗莉克：他們〔指另一桌的幼兒〕有很多冰。

　　奧莉維亞老師：埃馬紐埃爾真的想要一些冰。

　　埃馬紐埃爾：我只想要一塊冰而已。

　　麗莉克：你可以拿這一塊。

　　在這個例子中，埃馬紐埃爾知道自己想要甚麼，但是在口頭表達自己的需求時猶豫了。奧莉維亞老師沒有代替他向其他幼兒索要冰塊，而是依據自己看到的情況用語言進行了描述。這促使其他幼兒對埃馬紐埃爾做出回應，讓埃馬紐埃爾能夠清楚地表達自己的需求。通過這種方式，埃馬紐埃爾得到了支持，成功解決一個社交問題，從而發展了社交技能，並獲得了將來可以使用的新語言和工具。

信條十二：教師在兒童主導的學習經歷中，有意識地將兒童的學習經驗和學業技能聯繫起來

　　耀中的教師和管理者使用生成課程和探究式教學法來支援幼兒學習各種技能。我們觀察到教師在幼兒主導的遊戲中，刻意利

用各種機會來發展一些「學業」技能,例如數學、閱讀、書寫和空間意識。有時候,教師會引入某個活動來培養幼兒需要發展的某項技能,例如共同閱讀。更常見的情況是,教師會在幼兒的興趣中發現支持他們發展學業技能的機會。埃爾西舉了一個例子進行說明:

〔教室〕門上張貼的那封信是寫給麗莉克爸爸的。他之前來給孩子做了紙杯蛋糕,孩子覺得很好吃。他們經常問我:「麗莉克的爸爸還會再來嗎?」我問他們:「那我們怎樣才能聯繫到麗莉克的爸爸呢?因為他並不經常來學校。」然後他們中的一些人說:「哦,那就寫封信給麗莉克的爸爸吧。」然後我坐下來,他們計畫着我們需要寫些甚麼,告訴他我們非常喜歡紙杯蛋糕,能不能再來做一些給我們。然後我們計畫着信的內容。更多孩子加入進來,有些孩子對英語感興趣,說:「可以用英文來寫信嗎?」還有些孩子對中文感興趣。所以,我們計畫、寫字、他們主動加入進來 —— 不需要老師叫他們來。我們把文字組織成了一封信。然後我們把信寄給了麗莉克的爸爸。

在班級觀察中經常可以看到教師利用幼兒自然而然產生的興趣來教授一些特定的技能。例如,當南森老師注意到兩位幼兒背靠背站在一起,而第三位幼兒在判斷誰更高時,他便拿着尺子加入了他們。

南森老師向艾瑪展示如何站在牆邊,讓他可以在牆上標記她頭頂的位置。

〔以下對話是用英語進行的〕

南森老師：這樣，當你站在那裏時，你就可以看到自己有多高了。我會在那裏畫一條線。

安娜麗絲：南森老師，那我呢？

美英：〔指着那條線〕可以把艾瑪的名字寫在那裏嗎？

南森老師：艾瑪可以把她的名字寫在那裏。

安娜麗絲：我也要量一下。

美英緊接着艾瑪站在牆邊，這樣南森老師就可以測量她的身高了。南森老師做了一個標記，美英在旁邊寫下了她的名字。

南森老師：你們知道這是多少釐米嗎？〔他舉起尺子〕這裏，那是 100 釐米，那是 110，這是 100 和甚麼？

艾瑪：5。

南森老師：105 釐米。

有關十二項信條的反思

十二項信條的順序非常重要。每項信條都是其後面信條的基礎。其中最基礎的是對幼兒的看法，即他們不是知識的容器或被動的參與者，而是擁有值得成年人重視的想法和觀點的個體。雖然耀中的教育沒有受到瑞吉歐理念的啟發，但其有關如何看待幼兒的信條與瑞吉歐的觀點有很強的共性，其中瑞吉歐將幼兒視為主動的公民和權利的主體（Malaguzzi, 1994；Edwards et al., 2012；Rinaldi, 2009）。洛里斯・馬拉古齊（Loris Malaguzzi）

（1994）特別強調成人看待幼兒視角的重要性，他說：

> 　　每個人內心都有一個幼兒的形象，當你開始與一個幼兒建立聯繫時，這個形象會引導着你。這種理論會在你內心深處推動你以某種方式行事；當你與幼兒交談、傾聽幼兒、觀察幼兒時，它會一直指引着你。

　　如果教師沒有認識到幼兒帶來的觀點和想法是值得關注的，那麼他們在與幼兒深入開展探究性活動時就會面對許多挑戰（Cordoba & Sanders-Smith, 2018）。

　　同樣，在十二項信條中，關係也非常重要，幼兒與教師之間的關係對班級工作意義重大。雖然耀中的教師發現自己經常扮演「更博學的人」（Vygotsky, 1978）的角色，但教師和幼兒必須建立一定的信任才能夠共同合作、相互傾聽。與教師建立良好的關係也能夠為這些年幼的孩童提供安全感。

　　其他信條中都包含與兒童觀和班級關係這兩個寬泛類別相關的元素。將生成課程、多語言和學業學習等元素建立在兒童觀和班級關係的元素的基礎上非常重要。某個學校或班級可能會想要嘗試通過遊戲的方式來實踐生成課程、多語言教學或刻意的學業學習，然而，如果這些元素不建立在對兒童沒有等級之分的觀念和穩固的關係的基礎上，那麼這些元素就不屬於耀中教學法。

　　由於其獨特的背景和進步主義理念，耀中無法用現有的著名理念或教學法（例如，瑞吉歐、華德福、蒙特梭利等）來描述。耀中與瑞吉歐的取向有一些理念共鳴，這並不令人感到意外，因為兩個理念有相似的基礎，它們的一些部分都以杜威、維果茨

基、布魯納和皮亞傑（Piaget）的理論為基礎。耀中的教師和管理者都了解瑞吉歐教學法。許多人對「零點計畫」（Project Zero）（2001）也非常熟悉，並以此開啟了自己的教學記錄之旅。但是，耀中教學法的靈感並不是源自瑞吉歐或蒙特梭利（經常有人問，它與蒙特梭利的關係）或其他教育方法，而是源自它自己的理念。耀中教學法，將課程和教學法建立在幼兒主觀能動性及班級關係的理念基礎上，同時注重多語言、多元文化以及全球公民教育。雖然幼兒的角色及其與教師的關係對該教學法在香港耀中幼兒園目前的運作來說至關重要，但耀中陳保琼幼教理論與實踐的一個獨特點，就是將東西方理念融合在一個班級中。

註釋

1　耀華國際教育學校（Yew Wah International Education School）。

2　粵語用斜體字標示。普通話用底線標示。

第二部分

基本的信條

第四章

對幼兒的看法

　　信條一和信條二是耀中陳保琼幼教理論與實踐的基石。該教學法致力於讓幼兒獲得對自我效能、自主決策和相互依存的理解，並以多種視角主動地、全面地看待這個世界。而這些能力是通過第一項信條強調的尊重和欽佩幼兒來培養的。優秀的課程實踐始於每位幼兒在教室中都能有安全感和穩定感，這種真正體現尊重的環境，為跨文化教育提供了基礎，也為每位幼兒的獨特性發展提供了可能性；同時，幼兒也意識到他們是真正受到尊重的個體。這樣的環境鼓勵幼兒去構建比他們的師長可能想像得到更深刻的新想法。

　　耀中教學法的第二項信條認為，幼兒是有能力的。該教學法獨具特色地將杜威和儒家思想融合在一起，以培養幼兒的能力和勝任力。特別是儒家思想宣導通過和諧的關係、尊重和欣賞差異、與他人和平共處以及對自然世界關注等方式，支援幼兒成為君子（即一位模範人物）。杜威有關民主關係的看法也支持幼兒學習與他人合作，並尋找與他人的共同點。本章通過收集到的課堂觀察、教師訪談和班級裏展示的物品，證明教師認為幼兒有能力、勝任，而且能夠與教師合作。這種民主的兒童觀為幼兒提供了一個自由表達觀點、挑戰教師和同伴，同時尊重他人意見的班級環境。

信條一：兒童是值得我們尊重和欽佩的

信條一在耀中教學法中佔據着非常重要的地位，它是其他信條的基礎。教師必須尊重並由衷欽佩幼兒，才能夠展開符合該教學法的多語言探究活動。這種尊重幼兒的教育理念源於杜威有關民主教育的理念，即教師和幼兒在非等級關係中共同學習。這些關係對生成式的、探究式的學校幼兒教育而言非常必要，也為參與民主社會提供了基礎。從儒家思想的角度來看，杜威式的民主教育理念可被轉化為實現大同世界的理想，即社會成員合作建立和諧的共同體，讓世界變得更加美好。在耀中的班級裏，幼兒開始學習挑戰想法（James, 2008；Marshall, 2005）、尋找共同點並進行合作（Coke, 2000；Dewey, 1916）。通過這些技能的培養，幼兒會變得有能力看見自己眼前生活之外的現實，並形成對人類權力和責任相關的強烈關注和深刻認識（Dewey, 1916）。

尊重幼兒

通過以相互尊重為基礎的互動，教師支持幼兒學習那些有助於他們與不同的人建立合作關係和尋找共同點的社交技能（Coke, 2000；Dewey, 1916）。同時，在了解自己、被鼓勵追求君子的品質（即品德高尚、熱衷於幫助他人）的過程中，幼兒也在努力解決社會正義方面的問題。此外，幼兒還會尊重並認識到不同的信條，欣賞自己與耀中其他成員之間的差異，因為他們認可自己身處的社區是多元化的。

在 2016 年的訪談中，兩位校長都強調了尊重幼兒、尊重他

們的學習和發展，以及尊重他們的視角的重要性。華籍合作校長凱孃談到識別幼兒的天賦、為幼兒的成長提供一個空間的重要性：「他們的內在有着某種能力。我們必須給他們在環境中使用它的機會，讓他們練習它。然後我們要相信他們；他們可以為自己做所有的事情。」外籍合作校長妮基認為，耀中教師所表現出來的對幼兒的真正尊重是學校最重要和最顯著的特點之一：

> 但事實上，幼兒得到了尊重、尊敬和愛。我們不只是說說而已，也不只是告訴家長我們會照顧他們的孩子。我們盡一切力量確保每個孩子都喜歡來學校。我向你保證，如果我們聽到一個孩子哭泣，或者發現一個孩子不想來學校，就會引起我們的重視。沒有人會無動於衷，只是說，「噢，不管怎樣，上學就是必須的。」所以，我認為在一天結束的時候，與我們在課程方面取得的其他任何成就相比，更重要的是，我們事實上真正地、坦誠地、在現實和實踐中為這個孩子奉獻了我們所有的努力。

在 2016 年訪問耀中期間，我們認識到尊重幼兒或許是耀中教學法中最為重要的元素之一（如果不是最重要的也絕對是極其重要的）。埃爾西解釋道：「我認為我們非常尊重孩子，而且我們也認為孩子是不同的。所以，我們尊重孩子。你可以有自己的想法……我們歡迎他們這樣做。」在班級中，教師的尊重體現在他們認真聆聽幼兒，並且認真對待他們所說的話。同時，教師還以與幼兒並肩合作並提供支援的方式來表現對幼兒的尊重和「禮」。這與要求幼兒聽從教師安排的傳統教育方式形成了鮮明對比。

在 2018 年資料收集過程中，我們沒有特別詢問教師有關尊重的問題，而是詢問學校是如何看待幼兒的。然而，在對 26 名教師進行的訪談中，幾乎每位教師都談到了對幼兒的尊重。學校對幼兒的尊重也反映在我們收集的 2017-2018 學年的班級學習歷程中。

在對露比的訪談中，她指出：「在這裏，真正重要的是尊重孩子。」正如梅麗莎所說：

> 只需要把孩子看作是一個完整而有能力的個體，然後支援他們努力學習……我們提供一種具有支持性的環境，讓他們能夠自主學習並意識到自己是很有能力的。

妮基校長解釋道，認識到幼兒的需求和興趣，並以幼兒的方式來滿足他們的需求，這是讓他們為將來的生活做準備的最佳方式。她認為：「為成年生活做好準備的最好方法就是給他們幼兒時期所需要的東西。」

民主的關係

在 2016 年的訪談中，校長討論了關係作為學習基礎的重要性。妮基校長表示：「我們將關係視為學習的基礎。」凱孃校長則強調教師作為引導者和共同學習者的角色，而不是教導者：「老師幫助他們……我們引導他們學習，而不是領導他們。」在第五章中，我們將更詳細地討論教師如何支持師幼關係以及幼幼關係。促進和參與民主關係，是教師和管理者尊重幼兒的體現。

教師有意識地與幼兒建立關係，鼓勵他們互相合作，這都是

建立在尊重幼兒並認可他們的想法的基礎之上的。這是「仁」的價值觀的關鍵，該信條強調愛、關心以及與人建立積極的關係。南茜強調了同伴關係的重要性：「我認為學校裏的孩子從環境中學習，從長者那裏學習，從不同中學習，他們也從彼此中學習。」幼兒的互相學習、認識並尊重他人的觀點是非常重要的，這有助於他們形成一種反思性的思維方式，通過這種方式，他們會發現學校中的個體多樣性是如何相互關聯的（Eidoo et al., 2011）。

對於幼兒而言，與同伴合作是一個新的概念，這也是 3 歲班教師花費大量時間進行支持和反思的事情。在 9 月份的教學記錄中，教師指出，3 歲藍色班的幼兒「通過不同的活動與同伴、老師和阿姨（Jeh Jeh）[1] 形成關係並建立信任。」學年初，教師還通過共同的興趣引導幼兒相互建立關係。

在整個學年中，合作是一個重點。在 12 月的一次食物活動中，幼兒在遵循指示和輪流等待方面遇到了困難。教師指出，這些 3 歲的幼兒正在學習等待，而這對於他們來說並不是容易的事情。5 月份，幼兒討論了感受，「那些我們看不見但可以感受到的東西」，以及「班上的哪些衝突經常會傷害我們的感情」。幼兒通過討論各種場景以更好地理解別人也有感情。仁的培養非常重要，因為它是幼兒關心彼此並了解自己的行為是如何影響他人的種子。

信條二：兒童是有能力的和值得信任的

將幼兒視為有能力的人的信條，在 2016 年和 2018 年的訪談中得到了大家的共鳴，同時在班級觀察中也能明顯看到這一

耀中幼教教學法——以生成課程、幼兒主導的探究和多語言為中心

點。為了闡明這項信條，我們整理了 2016 年參與研究的兩個年級的教學團隊、當時的校長團隊以及外籍主任的訪談記錄。通過這些訪談，我們可以看到這項信條與班級實踐之間清晰的聯繫。

在訪談中，當被問及對於幼兒、童年以及幼兒園教育的必要元素的看法時，所有教師都強調幼兒是有能力的。南森老師說：

> 我覺得每個孩子在我心中的形象都是：他們是有能力的。孩子們充滿好奇心，能夠吸收很多想法⋯⋯我相信，當你給這些孩子提供這種開始學習的環境時，他們會提出很多想法，從中獲得的學習深度比起我們讓他們坐下來告訴他們到底需要做甚麼要更深。

教師們強調，要記住幼兒是有價值的社會成員，他們有為社會做出貢獻的想法，這一點很重要。秉持着這個觀念有助於將尊重幼兒的信念延伸到行動中，即教師通過與幼兒合作，為他們提供探索機會來尊重他們。正如凱特主任所說，教師和管理者的看法是「他們是我們社會的重要成員⋯⋯我們需要相信他們有自然而然成長和學習的能力。我認為我們需要更多地信任他們，因為他們有能力，他們可以從自己的好奇心中學到很多東西。」

對責任的期望

陳保瓊博士經常強調，幼兒對自己、自己的物品和教室負責，就是落實這項信條的重要體現。埃爾西也指出，幼兒「知道如何照顧自己」。教師和阿姨支援幼兒發展責任感，同時也期望

他們能夠始終如一地履行責任。奧莉維亞解釋道,這不僅有助於幼兒培養自信心和自我效能感,還體現出對環境和其他幼兒的尊重:「我喜歡看到幼兒在自己的空間裏充滿自信,從一個區域到另一個區域,探索一切。但與此同時,他還能對所處的環境表現出尊重,對他人表現出尊重。」

我們在 2016 年觀察 4 歲班時很清楚地看到,幼兒責任的發展符合教師和幼兒的共同期望。每天早上,幼兒進入教室並整理好自己的物品。出門時,他們會自覺戴上遮陽帽,塗上防曬霜,不需要教師提醒。遊戲結束時,他們會整理教室的各個區域。午休時,他們會自己鋪牀。當需要更多的材料時,他們會自己到架子上拿取所需物品。這些行動已經是如此習以為常,如此行雲流水,以至於沒有教師或幼兒覺得有甚麼特別。

當幼兒在班級裏感到自信,並且能夠以一種尊重空間和彼此的方式使用材料時,他們就能夠在沒有教師的持續幫助下獨立地開展各種活動。正如南森老師所說:

> 如果你想要一個讓孩子感到有能力的教室,那麼你需要很多資源,開放式的資源,孩子可以使用的資源,以及孩子可以安全地、獨立地在教室環境中使用的資源。他們不需要凡事都要詢問別人,而是真正成為這個學習環境的主人。

嘗試的機會

在耀中,幼兒有機會自己解決問題。這些問題不是教師為了讓幼兒練習解決問題的能力而提出的,也不是在遊戲中出現的小

問題，而是有意義的問題，即幼兒正在努力解決的問題，這時，教師要相信幼兒一定會成功。埃爾西強調了這一點的重要性，她說：「他們需要通過嘗試自己探索事物來學習。他們看，他們摸，他們從中學習。」

在教室和遊樂場裏，幼兒通過遊戲進行實驗，例如搭建更好的汽車坡道或使用珠子創造出複雜的圖案。教師會觀察，提供建議，並在需要時提供額外的材料。幼兒也有機會在戶外遊戲中冒一些風險，例如攀爬不同的器械或把器材疊高等。教師會從旁觀察以確保幼兒的安全，並允許幼兒體驗身處危險的感受。

幼兒也會嘗試解決一些更不尋常的問題。例如，有一天，伊莎貝拉發現一隻昆蟲被卡在一塊用於展示幼兒藝術作品的有機玻璃後面。她對昆蟲很感興趣，經常抓了牠們放在昆蟲收集器裏，方便她和埃西爾在網上查找牠們的資訊。她想把這隻昆蟲從有機玻璃後面弄出來，以便更仔細地觀察牠。埃爾西和奧莉維亞都注意到了這個情況。她們既沒有試圖阻止她，也沒有提供幫助。但是她們都觀察着這一切，並表示「她最終會想出辦法的」。

嘗試和冒險的機會也意味着有失敗的可能性。凱特主任認為這是一種重要的經歷，並說：

> 他們從小就在失敗中成長；他們一直在失敗。他們在學習爬行或翻身時也是一樣。他們失敗了。他們繼續堅持，並試圖扭轉局面。孩子不害怕失敗。更多的是我們成年人害怕他們失敗。所以，孩子自然而然地發展出那些認知技能。他們是有韌性的人。他們是問題解決者。我們只需給他們機會去做這些。

凱孃校長指出，讓幼兒嘗試，哪怕是失敗了，也能夠更好地讓他們了解自己的能力極限，特別是在大肌肉（large-motor）活動方面。她說：「因為我相信幼兒會保護自己。如果你讓他們更多地使用自己的身體，他們會了解自己有哪些能力。他們會知道自己能做甚麼。」

發現的意願

　　耀中的教師和管理者相信，幼兒是有能力和勝任力的，並為幼兒提供嘗試解決各種問題的機會。這些機會促使幼兒願意去嘗試和發現。正如奧莉維亞在她的訪談中所說：「我相信他們天生具有極強的創造力，但在他們學習生活規則的過程中，這種創造力會逐漸減退。所以，我很欣賞他們認為一切皆有可能的態度。」在耀中，教師能夠認識到並珍視幼兒天生的好奇心，因為他們相信幼兒有能力並且值得信任，所以給予幼兒自由探索的空間。而幼兒則利用這種天生的好奇心去進行更多的探索。

　　在耀中，幼兒大部分時間都是在教師的支持下進行自由探索，沒有案頭作業或在指定的時間裏專門練習寫字或其他語言，集體活動的時間也非常少。教師會根據幼兒的興趣，在班級裏創造探索的機會，幼兒通過一整天積極主動的探究，來引領自己的學習。這種方法和策略將在後面的章節中進行探討，在此，認為幼兒可以做一件事且能做得很好的基本觀念，是必須要有的。

小結

　　採用進步主義的探究式教育方法時，要求教師對如何看待幼兒、幼兒是誰以及他們能做甚麼等問題有一個明確的立場（Cordoba & Sanders-Smith, 2018；Cordoba, 2020）。教師在沒有真正相信幼兒是值得尊重和有能力的情況下，試圖引導他們參與探究，將會在教師主導下的淺嘗輒止，無法引起幼兒在更大程度上進行深入探究（Cordoba & Sanders-Smith, 2018）。學校要成功轉向採用進步主義的探究式教學法，必須以相應的兒童觀為出發點（Scheinfeld et al., 2008）。在耀中，將幼兒視為值得尊重、有能力和值得信任的人，是後面所有信條的基礎。如果教師、教學團隊或學校認為自己正在使用耀中陳保琼幼教理論與實踐，那麼他們必須首先接受這個觀念，也就是將幼兒視為班級工作中值得信任的同行者。任何試圖使用耀中陳保琼幼教理論與實踐的其他元素（例如，通過生成課程進行多語言學習），而沒有採納信條一和信條二中對幼兒的看法的教師、教學團隊或學校，都不是在使用耀中教學法。這是因為耀中教學法不是一系列活動或實踐，而是一種通過與幼兒共處而形成的幼兒教育理念。

註釋

1　耀中的幼兒用「阿姨」（在香港地區，直譯為「姐姐」「Jeh Jeh」）」來稱呼班級裏的保育員。阿姨不僅協助教師，還負責整理教室和滿足幼兒生活照料的需要。幼兒也經常用這個詞稱呼家中的保姆。

第五章

關係 [1]

　　進步主義教育理念（例如耀中陳保琼幼教理論與實踐）要求班級內各方都要建立民主關係，包括教學團隊內部、教師和幼兒之間以及幼兒與同伴之間。這種穩固的關係可以促進開放的溝通和自由的想法分享，並形成一個共同的社交方向（social direction）（Coke, 2000；Dewey, 1916；Frank, 2017）。這種個體間的開放性允許多種觀點的分享，從而形成杜威（1916）所提出的民主理想（democratic ideal）。在支持各級民主關係的班級中，幼兒在與教師和同伴合作時，會逐漸理解自己的聲音和觀點的重要性。同時，幼兒還可以在合作教學團隊中觀察到穩固的工作關係，這是一個有效和富有成效的溝通和合作的典範。所有這些關係都有助於支持生成課程和探究式學習，因為班級成員共同合作，分享個人想法並整合已有知識，從而推動探究的發生和發展。不同關係還有助於維持耀中教學法的多語言特色，因為幼兒在與教師和同伴建立關係的過程中有機會接觸新的語言，並被促使擴展自己的語言能力，以便建立更有意義的關係。

信條三：教學團隊成員一起平等工作

　　合作教學，是耀中陳保琼幼教理論與實踐的標誌性特徵之一。它鼓勵兩位教師緊密合作，並使用不同語言與幼兒進行互動。這種模式既促使來自不同文化背景的兩位專業人士共同促進幼兒在班級中的體驗，也支援他們學習語言和文化。合作教學為幼兒提供了廣泛的機會和學習體驗，遠遠超越了單一班級教師所能提供的支援。耀中教學法所強調的這種合作教學模式，要求兩位教師在班級中以平等的夥伴關係進行合作，讓他們建立一種富有成效的關係和班級學習空間。與許多東亞地區的國際學校（Carless, 2006；Liu, 2008）類似，耀中班級中也有一位本地教師（稱為華籍教師）和一位以英語為母語的教師（稱為外籍教師）。然而，與 Carless（2006）所述的大多數學校不同的是，耀中的教師都是高素質的，他們在一種非等級關係中合作，以促進幼兒的學術學習、社會情感發展，以及中英文語言能力的提高。

　　絕大多數關於合作教學的文獻都關注普通教育教師和特殊教育教師在同一班級空間內支持幼兒時的關係問題（例如 Friend, 2008；Kohler-Evans, 2006；McCormick et al., 2001；Scrugg et al., 2007；Sileo, 2011）。然而，愈來愈多的多語言課堂使用合作教學來支持語言學習者（Barnett et al., 2007；Carless, 2006；Gort & Pontier, 2013；Liu, 2008；Schwarz & Gorgatt, 2018）。在這種情況下，幼兒可以同時獲得其第一語言和其他語言的示範。在多個東亞國家，由英語母語教師（native English-speaking teacher, NEST）和非英語母語教師（non-native

English-speaking teacher, NNEST）組成的合作教學團隊已經成為支援英語學習的模式（Carless, 2006；Liu, 2008）。合作教學模式因實施方式和合作夥伴之間的等級動態而有所不同。Friend 和 Cook（2017）提出了六種合作教學方式，包括：一人教學，一人觀察；一人教學，一人協助；平行教學；定點教學；輪換教學；團隊教學。團隊教學是一種非等級合作教學模式，它的前提是兩位教師都積極參與教學，並分擔對所有幼兒的責任，從而創造出單一教師難以實現的教學體驗（Friend, 2008）。耀中致力於堅持這種非等級合作教學模式的原則。

合作教學的互動

耀中採用由兩位來自不同背景的教師組成的合作教學模式，他們在非等級關係中共同分擔所有課堂活動的責任。在教師訪談中，這種模式的發展性、互動和支援是一個核心主題。耀中的合作教學模式要求教師密切合作，以支持幼兒的學習和成長，同時也支持學校使用生成課程及探究式教學法。

教學團隊

在 2018 年的教師訪談中，教師分享了他們對合作關係中互動的看法。伊莎貝拉表示，合作教學關係「並不容易，就像一對夫妻在班級中一樣，因為我們有不同的背景，家庭背景。即使它看似簡單，但我們的理解是完全不同的，我們的教育也不同，而且我們的個性也完全不同。」訪談資料顯示，這種婚姻式的合作關係被教師描述為具有挑戰性，並需要大量的平衡和調整。儘管

有些合作教師組合曾經歷過衝突，但他們感覺彼此從中學習，從而支援學校的目標和理念。教師重視與他們合作的教師特質，包括「有創造力」、「注重過程」、「勇於嘗試新事物」和「勤奮」。

所有華籍教師都能夠流利地說英語，足以參加用英語開展的專業發展課程和接受英語採訪。因此，兩位合作教師主要使用英語進行溝通。正如埃絲特所說：「我覺得對我來說，這更容易，因為我能讀英語和中文。」露比解釋說，她的合作夥伴缺乏粵語能力，有時她需要在外籍合作教師和說粵語的支援人員之間充當翻譯：「我在中間。我必須平衡並翻譯。如果我不為他們翻譯，就會出現誤解。」

東方和西方不同的思維模式

教師還表達了對彼此文化傾向的認識。作為一名外籍教師，保羅認為華籍教師很難適應外籍教師的教學風格，他將此歸因於華籍教師「更為保守或含蓄」的性格。他相信浸潤於西方文化中的人們有自信和「大膽」的特質。尼克也提到，有時他必須收斂自己的想法，並承認他的合作夥伴「也有想法，但她對自己的想法不是很堅定」。他了解到，「謙遜」和「謙虛」在本地文化和學校中扮演着重要的角色。

幾位華籍教師提到，外籍教師很難理解中國文化。瑪格麗特解釋道，界限是不同的，在西方被接受的行為未必在香港也能被理解。伊莉莎白對她的華籍合作夥伴的觀點進行了詳細的闡述：「她比我更了解她自己的文化，可以讓我更好地理解一些我根本不了解的情況。」南茜在談到學生用筷子敲碗或盤子時說：「在他們的文化中，他們可能認為這樣做沒關係，但在我們的文化中

我們知道這是不禮貌的，所以我們會告訴幼兒不要這樣做。」

埃絲特提到中西方文化在安全方面可能存在的分歧，她指出：西方國家有更大的空間可以遊戲，所以他們更支持幼兒進行遊戲。當外籍教師來到這裏時，他們會讓幼兒攀爬那些不應該攀爬的東西。」莎倫（Sharon）也贊同這個觀點，她說：「香港的環境既小又狹窄，與西方國家有所不同。」這些教師雖然闡述了一些自己遇到的挑戰，但他們依然尊重彼此的文化傾向，將其視為耀中合作教學互動中的一個內在方面。

以共同的專業理解作為合作的基礎

由於這些教師來自不同的國家和文化背景，他們共同努力，建立了一些共同的對學校政策和教學實踐的理解。學校通過專業發展會議（由合作課程主任組織）和讀書活動，向教師傳達學校的教學規程及其基本理念。在教師訪談中，我們可以明顯看到讀書活動形成的共同語言的證據。例如，在收集資料的那些學年中，所有教師和合作課程主任都在閱讀《幼兒教育中的教學記錄》（*Pedagogic Documentation in Early Childhood*）（Stacey, 2015）這本書。教師在訪談中多次引用了這本書和教學記錄的相關實踐。

在訪談中，教師還經常提到「激發學習的機會」（provocation）和「場景－背景」（figure ground）。對於前者，幼兒教師使用各種生成的方法，用「激發學習的機會」一詞來描述那些刻意放置在教室中，以激發幼兒進一步探究興趣的事物。對於後者，在耀中常用於教師專業發展的書籍《小遊戲大學問》（*The Play's the Thing*）中，「場景－背景」和「場景－背景關係」這兩個術語主要用於描述對學習環境的刻意準備。通過對這些術語的使用，耀中的教師形成了自己的解釋。在 2022 年初，時任外籍校長克萊頓（Clayton）為我們定義了這些術語：

> 場景－背景，是教師從幼兒已經開啟的話題和思路中真正延伸出來的。幼兒知道這個場景－背景是怎麼回事。激發學習的機會，這是你用來挑戰幼兒的東西。作為教師，你會添加更多的內容來做進一步的擴展。這與幼兒昨天所做的事情沒有直接關係。因此，有一些細微的差別。

簡而言之，教師利用場景－背景來支持幼兒持續在做的事，同時通過激發學習的機會來建議新的方向甚至新的探究。

凱薩琳在訪談中提到了如何使用場景－背景來支援數學學習，她說道：「所以我們也許會設置，如果我們看到幼兒因為在探索區發現了一個捲尺而對測量東西感興趣，那麼我們就會增設一個場景－背景（凱薩琳強調「增設」），其中提供額外的測量工具，可能還包括一些記錄工具。」

在訪談中，我們還可以看出，教師在社交情感支持方面也有着共同的理解和語言。當明確問及教師「社交情感學習是甚麼樣子？」時，他們提到了實況轉播，基於共同的專業發展，耀中的教師對如何在支持幼兒解決與同伴的衝突和（或）應對不安情緒時實施這一策略有了共同的理解。梅根詳細解釋了實況轉播的概念：

就像體育播報員、電視新聞記者一樣，你可以不帶偏見地告訴幼兒你看到了甚麼⋯⋯我們承認幼兒當下的情緒，讓他們知道沒關係，並重新引導他們。我們給他們安全表達自己的途徑⋯⋯我不會替他們解決問題，但我會為他們提供（相關的詞語或工具），這似乎很有效。

溝通的策略

　　為確保教師在日常課堂實踐中具有共同的理解，承擔共同的責任，並支援生成課程，他們需要思考如何發展出適合團隊合作，有助於建立彼此關係的溝通策略。另外，合作教學搭檔還認識到，花時間進行合作是必不可少的，同時也是一個挑戰。瑪莎解釋了她與合作夥伴克里的溝通方式：「我會把觀察結果寫在白板上。放學後，我們會共同反思，並用思維導圖記錄我們的回應以及如何檢驗幼兒真正的興趣。」

　　合作教學搭檔每天都會特別騰出時間進行溝通，每周還會另外安排時間一起進行正式的計畫。通常情況下，合作教學搭檔每周至少會在幼兒入園前或放學後的時間會面一次，進行正式反思（例如分享教學記錄和計畫）。每個搭檔團隊會採用他們覺得最有效的策略來保證日常溝通的順暢，例如瑪莎和克里一直使用白板進行溝通。對於一些合作夥伴來說，幼兒在園期間進行溝通有些困難，因為他們需要全心全意地與幼兒在一起，有時還需要將幼兒分組，前往校園不同的地點（例如，操場、音樂室）進行活動。南茜解釋道：「有時梅根在外面，我在裏面，因此我們的觀察結果不同。」

其他教師表示，幼兒在園期間進行溝通有時是他們唯一的機會。戴安娜在訪談中提到：「我會在幼兒在園期間與閆娜交談。但是，放學後我們〔必須要做各種文檔工作〕。」在團隊訪談中，埃爾西和奧莉維亞指出，她們難以找到時間一起記錄觀察和反思：「有時我們會交談，但卻沒有足夠的時間將所有內容都寫下來，所以我感覺只能夠記錄下部分內容。」埃爾西還詳細闡述了班級規模和每位幼兒的個別需要如何影響到生成課程中反思的時間：

　　　　我認為更理想的情況是師幼比例更低些。因為現在，兩位班級教師要面對 22、23 或 24 個孩子，而有些孩子可能需要更多的支援。我們需要關注孩子的興趣，真正觀察他們在做甚麼、參與甚麼以及探索甚麼。實際上，這需要時間，需要你去仔細觀察。

　　合作教師之間的即時溝通往往是通過手勢和肢體語言進行的。愛子提到，她和合作夥伴傾向於通過讀懂對方的面部表情來進行交流。而保羅則提到了將點頭和眨眼作為溝通方式，這使得他和路易莎能夠順利地與幼兒一起開展日常活動。

實施課程

　　耀中陳保琼幼教理論與實踐所採用的探究式和生成式的課程模式中，合作教師分享對幼兒的觀察，探討幼兒正在形成的興趣，然後思考這個主題對幼兒有甚麼吸引力，有多少人有興趣探究，並探討如何最好地促進幼兒的學習。教師提到，作為教學團

隊來支援幼兒的探究，他們能夠提供比作為個人或一個帶有教學助理的班主任更豐富和深入支持生成課程的機會。這體現了在課程實施中溝通和合作的重要性。

教師認為，合作教學關係是他們實施課程和理解班級事件的方式。例如，傑瑪對如何實施生成課程表示懷疑。她發現她的合作搭檔能夠幫助她「處理幼兒的行為，比如給予他們選擇和如何措辭」。她會向她的夥伴諮詢問題，例如「我該如何處理？我該如何表達？」她的搭檔埃絲特則會提供幫助，「她會為我提供需要使用的語言，以確保我按照學校的要求進行操作」。伊莎貝拉也發現，這些互動有助於補償自身的不足並建立更強大的團隊，她說：「每個人都不是完美的，但是你的合作搭檔可以在你的弱勢領域給予支持，有時候你也可以支持她。」

一些教師強調觀察過程中多個視角的重要性。朱莉亞解釋了第二視角對於支援幼兒工作的重要性：「我的合作搭檔非常善於讓我停下來，從不同的角度看待事物，並對同一件事情提出更多的想法。」奧莉維亞認為：「當你集合了多個個體化的觀察時，你就能更好地理解整個孩子。」保羅強調了與他的合作教師路易莎分享和討論彼此不同的觀點的重要性：

　　視角非常重要，因為路易莎和我會觀察同一個學習場景，但我們會完全通過不同的方式來解讀它，而且我們發現兩種解釋都是正確的。只是因為我們從兩個不同的角度來看待它。

事實上，生成課程的「觀察—反思—回應」中的反思部分是耀中觀察迴圈中比較具挑戰性的一個方面。通

常，教師在觀察到有趣的事情後就想要馬上做出回應，這就忽略了對幼兒正在做的事情的本質的了解。保羅提到了放慢步伐思考所觀察到的事情的重要性：「所以這不僅僅是『哦，某某正在把車子沿着山坡滾下去，他正在玩重力。』他確實在玩重力嗎？他在做甚麼？是甚麼導致了這種情況的發生？」

梅麗莎還解釋了在回應之前強制自己停下來反思的重要性，她說：「我認為我們很容易就會覺得，『哦，他們對海洋生物感興趣！』，但實際上，我們需要更深入的觀察，去理解他們真正感興趣的以及興趣的不同方面。」奧莉維亞也強調了這個問題的重要性：

> 在生成課程中，通常會有很多反思，而且反思必須很深入才能確定很多事情。否則，雖然你設置了很多東西，但實際上只是在猜測。然而，如果你真正仔細觀察，你會發現孩子實際上可能對其他事情感興趣。

教師認為，與合作教師相互協作的過程需要更周密的計畫和更深入的參與。與其在注意到幼兒的興趣或想法後立即採取行動，倒不如停下來一起反思。

合作教學對教與學的影響

教師稱，合作教學的其中一個優勢是可以同時跟隨幼兒的多重興趣。如果教室裏有兩位合格的教師，他們可以促進幼兒對同

一主題的不同方面，甚至完全不同的主題進行探究。正如戴安娜所解釋的那樣：「也許有些孩子會對探索昆蟲產生興趣，而其他孩子則對顏色感興趣。」進行多樣化的探究不僅能夠讓幼兒探索更廣泛的興趣，同時也能為合作教師提供專注於他們最感興趣的內容的機會。克里分享了她的班級正在進行的探究，說道：「我們現在正在探索火山，實際上，我自己對這個主題也很感興趣。所以，我似乎就成了帶頭人……而我們還探索了回收……瑪莎似乎帶領了這個主題。」

儘管所有教師都使用「實況轉播」這一術語，並試圖遵循類似的管理策略，但在訪談中，他們報告了多樣的管理風格。教師用豐富的詞彙來描述他們與幼兒的互動方式，並認為這會影響班級的教學過程。在描述自己和合作夥伴的課堂管理風格時，教師傾向於使用特定的詞語，如「嚴格的」、「有條理的」、「有組織的」，以及相反的「寬鬆的」、「無拘無束的」和「溫和的」。露比將自己與合作夥伴進行了比較，說：「我的教學風格，我認為我會給孩子相當明確的界限，這樣他們就會知道我的界限是甚麼。我認為梅麗莎更加充滿活力，她笑得更多。」閏娜指出，在設定界限方面，自己和合作教師缺乏靈活性並存在差異。

另一位教師將自己的風格描述為「更為輕鬆悠閒」，她會靜靜觀察別人。伊莉莎白將她的風格與合作教師相對比，她說：「我的教學風格非常輕鬆，非常隨和。我盡可能讓事情變得有趣。而她更為冷靜，更實際。我會因為孩子的行為而感到不知所措，而她會介入。」

教師認為，課堂管理的差異是由許多原因引起，包括文化和個體差異。然而，大多數教師將衝突歸因於個性差異，而非文化

背景。在一次華籍教師的焦點小組訪談中，當戴安娜提到「有時我們認為這是文化差異造成的，但它們〔衝突〕的原因可能完全不同」時，所有教師都表示同意。他們認為「文化並不是最大的問題」，成功合作的關鍵在於持續溝通。

教師對於幼兒學習和適宜的教學法的看法

　　保羅發現自己「總是在改變，推動孩子帶頭」，而他的合作教師路易莎則「更為含蓄，更為傳統」，但她「會立即參與到孩子的活動中」。蕾妮的風格則「更為放鬆」，這給了幼兒「時間放鬆，思考他們想做甚麼」。梅根熱愛「自然、蟲子和環境」，希望提供「動手體驗」，「確保孩子總是忙碌的」。她通過擁抱幼兒和與他們一起嬉笑來表達自己的感受。她的合作教師的風格與她的風格很合拍，因為她「有藝術天賦」，「擅長觀察」和「了解孩子們的興趣」；而她的合作教師讓「一切井井有條」並且讓「學生感到自己是重要的」。教師關於選擇幼兒應該參與的活動類型，以及他們在班級中的角色的看法，構成了彼此之間關係的基礎。因此，似乎有些教師比其他教師更適應學校的生成課程，即重視幼兒有機會選擇活動，並參與具挑戰性、親身實踐的體驗。梅利認為設計班級空間的方法是「中西合璧……讓幼兒可以通過遊戲和藝術來學習」，且在這種環境中，發揮創造力和「利用環境」是非常重要的。

　　教師表達了他們對幼兒及其與幼兒的關係的看法，有時他們會比較自己與合作教師的看法。愛子對她的合作夥伴分享了這樣的看法：「我不希望孩子像成人一樣。」瑪格麗特將自己的風格

描述為一個「媽媽老師」，不僅關心「他們的學習，也關心他們的健康和行為」。伊莎貝拉喜歡與幼兒一起嘗試新的活動，並將自己的風格描述為「情感型的」，她希望關注幼兒的興趣，並相信「不同年齡有不同的重點」。一些教師認為自己的角色與合作夥伴的角色不同，但能夠在彼此之間尋得平衡。例如，凱薩琳將自己描述為「更加視覺化」和「負責創建學習檔案的人」，而她的合作夥伴阿比蓋爾則「與孩子們一起玩」。阿比蓋爾同意這種描述，但發現她自己「有點瘋狂、外向、有創意」，而「凱薩琳彈鋼琴，像一個媽媽一樣幫助孩子」。合作夥伴之間的平衡感給了他們相互學習的機會，幾乎所有的合作教師都強調了這一點。

兩種語言

大家認為，在班級中同時使用兩種語言，既是一種挑戰，又是有其益處的。雙語（有時甚至三語）的班級中的許多挑戰主要存在於外籍教師身上。有些外籍教師會說一些普通話，例如，保羅和尼克曾在內地生活過，會說普通話；而其他外籍教師能理解華籍教師經常使用的粵語指令（例如，洗手、收拾、排隊等），但沒有人能流利地說粵語。外籍教師注意到，無法理解幼兒所說的一切可能會讓他們感到困難，正如伊莉莎白所說：「當你無法理解語言時，有時觀察變得非常困難。你可以觀察孩子的動作，但當你無法理解時，這就很難了。」

總的來說，教師認為班級中存在兩種語言是學校的優勢和他們非常重視的事情。教學團隊強調了使用兩種語言與幼兒討論話題的價值，這樣可以讓更多幼兒參與其中，並加深他們的體驗。

傑瑪說道：「或者我們可能會說：『哦，你們知道關於熊的甚麼資訊嗎？』很多孩子都會說英語，我一開始就這麼做了，我還做了英文記錄，然後〔埃絲特〕繼續和那些可能覺得說普通話或粵語更舒服的孩子們交流。」

信條四：教師與兒童之間必須建立穩固的關係

在耀中所實施的生成式探究課程中，與幼兒建立合作關係是必不可少的（Malaguzzi, 1994；Rinaldi, 2009）。教師在班級內為幼兒提供了一個民主的空間，讓他們可以提出並開展探究活動（Dewey, 1899, 1916）。然而，就像合作教學團隊之間的關係一樣，教師與幼兒之間的關係也是在一個多語言環境中培養的。

在家庭語言方面建立聯繫

教師在訪談中提到，幼兒會先與那些與自己使用同一種家庭語言的教師建立關係，這是相當普遍的。對於年齡較小的幼兒來說，當他們進入一個陌生的空間，並要面對兩個陌生的成人時，最先靠近的會是那個不需要使用新的語言交流的人，這並不奇怪。正如閆娜所反思的：「孩子們很大程度上更喜歡那些能說他們語言的那位合作教師。我認為這和成人是一樣的。你肯定更傾向於與那個能說你的語言的人建立更親密的關係，而不是說外語的那個人。」

3 歲班的教師發現，相比於 4 歲班的幼兒，3 歲班的幼兒更喜歡那位和他們說同一種家庭語言的教師，而 4 歲班的幼兒則能

夠更從容地與兩位教師相處。茉莉亞在訪談中提到，她所教的 4
歲班幼兒確實和兩位教師都交談並建立關係，但是，「說粵語的
孩子更親近伊莎貝拉。他們對我倆都很親近，但是當伊莎貝拉在
的時候，有些孩子還是更喜歡她」。

　　教師尊重幼兒通常有與說同一語言的教師建立關係的需求，
並為他們提供這樣的空間。班級被分成兩個「主要照顧小組」，
其中一位教師負責一半幼兒的學習記錄、評估、家長溝通和一般
性照顧。儘管幼兒與教學團隊都在一起，但這種安排也會導致幼
兒與其主要照顧教師在一起的時間更長。在許多班級中，教師會
根據幼兒的家庭語言來分組，以便他們更容易適應課堂環境。教
師注意到，那些可能會遇到其他困難的幼兒，可能會在與說同種
語言的教師共度更多時光的過程中感到安慰。尼克回憶起班上的
一位幼兒，當時他正在經歷分離焦慮和語言障礙的困擾。他說：
「因此，並不是每個人都理解他的語言。所以，他非常依賴黛博
拉，因為她和他都說粵語，她能夠理解他。在上午的分離環節，
他總是覺得從媽媽到黛博拉那裏的轉換非常容易。」

與教師建立關係

　　所有教師和管理者都強調，幼兒與兩位班級教師都建立關係
的重要性。這些關係對於幼兒在班級中的探究和學習其他語言至
關重要，因為幼兒可以交替與兩位教師互動，嘗試不同的想法，
使用不同的語言，就像上文的教師所描述的那樣。此外，幼兒與
兩位教師互動並且信心十足地向他們尋求幫助或安慰，這提升了
他們的安全感和幸福感。教師刻意與所有幼兒都建立關係，但也

認識到幼兒有可能會先與一位教師建立關係。同時，他們也知道讓幼兒與兩位教師都建立關係也非常重要。

教師表示，隨着幼兒在班級裏變得更加自在，他們會開始對另一位教師產生好奇。凱薩琳在她的 4 歲班中注意到幼兒在建立自信後的變化，說道：「你可以看到學年初孩子的狀態。他們不太想去，他們有點害羞或者對說英語不太自信。但隨着時間的推移，我們有了信任並建立了關係，孩子就會更加自在地和我說英語。」

由於幼兒與另一位教師建立關係通常意味着，幼兒與主要說他們開始學習的那種語言的人建立關係，而這種關係的建立需要一定的語言能力。為此，教師支援幼兒採取跨語言的行動，並在某些情況下，為他們提供與另一位教師交流所需的語言。例如，在黛博拉和尼克的 4 歲班中，當一位幼兒對尼克每天如何來學校表示好奇時，黛博拉鼓勵他去問尼克，並為他提供了一些可以用來與尼克交流的短語。

教師在與幼兒建立關係的同時，也會保持語言的差異。例如，會說粵語和英語的華籍教師露比儘量不對幼兒說英語，以避免和他們建立與「說英語的」這種語言實踐相關的關係。她說：「有時他們會用英語跟我說話，我會說『對不起，請說中文』。」她和搭檔梅麗莎提到，這個策略在她們的 3 歲班是有效的。正如露比在其合作教學訪談中對梅麗莎說的那樣：「也許有時候你不在班上，他們必須用粵語跟我或其他華籍老師說話。他們不能選擇說英語，所以那時他們會說更多的中文。」

隨着幼兒在語言方面變得更加自信，他們會開始嘗試與說其他語言的另一位教師練習自己的語言能力。華籍教師戴安娜注意到了一位正在學習理解粵語，但不會說粵語的英語母語幼兒的進

步，她說：「他試圖用粵語跟我說話。今天他來聽我說了一個粵語故事，但他用英語回應我。」另一位外籍教師傑瑪也談到一位正在「嘗試說英語」的幼兒。「她會跟我說一個單詞，然後我會試着延伸她想要表達的意思。比如說，剛才她拿了一隻恐龍和一些樹葉，我就說『哦，這隻恐龍在吃東西，在吃樹葉，在吃。』她就會跟着說『在吃』，所以她在學習。」

教師強調，他們與所有幼兒都建立起了牢固的關係。帶完 3 歲班後又接着帶 4 歲班的克里和瑪莎認為，年齡小的幼兒會更猶豫，不太願意與兩位教師都接觸。克里分享道：「我認為在 3 歲班⋯⋯那些不會說英語的〔孩子〕會更加親近你〔瑪莎〕，而不是我。而在 4 歲班中，我認為他們更加好奇，因此他們更願意接觸別人。」相反，保羅則強調，儘管幼兒通常偏好說某一種語言，但他們與兩位教師都建立了關係，「如果其中一位老師沒空，他們就會去找另一位老師。」

尼克觀察到了師幼關係以及幼兒的語言選擇：

> 有時候，當孩子使用一種你不懂的語言時，這對他們來說是一個非常好的診斷工具。有時他們會在你來的時候切換語言，有時則不會。如果他們不切換語言，那就說明了他們和你之間的關係以及他們對隱私的需求。

教師注意到，幼兒開始花更多的時間與說另一種語言的教師在一起。有時，這是受到教學團隊的鼓勵的，比如當保羅和路易莎指出他們所教的 4 歲班的幼兒需要額外的語言支援時，他們便會交換自己的主要照顧小組（例如那些需要通過記錄和家庭溝

通來提供支援的幼兒）。另外，在一些情況下，幼兒也會主動找說另一種語言的教師。傑瑪回憶起一個試圖教她粵語的幼兒，她說：「我告訴他英語，然後他告訴我粵語。」奧莉維亞強調，當教師和幼兒之間建立了穩固的關係，語言就會變得不那麼重要。「有一個由三名幼兒組成的小組，他們主要說中文，其中兩個不太會說英語。但是到了第二學期，他們已經和我建立了親密的關係。現在我們之間的關係非常好。但是，這是花費了幾個月的時間才建立起來的。」

班級中所有教師與幼兒之間的關係都非常好，這一點非常明顯。在 2015-2016 學年後期，研究團隊對 4 歲班的觀察表明，教師與幼兒之間的關係更多建立在個性和幼兒的需求基礎之上，而不僅僅是語言。有一天，正在學習英語的 4 歲的珍感到非常傷心，她的母語是粵語，而她去尋求安慰的人竟然是外籍教師奧莉維亞。與此同時，班裏有兩個以英語為母語但正在學習粵語的女孩惠子和勞倫，她們與華籍教師埃爾西一起玩得非常開心。這些關係使得幼兒可以根據自己的興趣和每位教師所引導的探索方向來與教師進行合作，而不是固定跟着某位教師。在南森老師和路易莎老師 2016 年執教的 4 歲班中，可以觀察到所有幼兒在與南森老師一起用迴紋針製作漁竿和與路易莎老師一起觀察昆蟲之間自由切換。

信條五：教師要支持兒童之間建立關係

培養幼兒之間的合作關係是學校幼兒教育的一個目標（Copple & Bredekamp, 2022），這對於採用進步主義教育理念的班級來

說尤為必要，因為幼兒必須建立有效的合作關係來支持他們的探究（Dewey, 2016；Gandini, 1993；Katz & Chard, 2000）。在班級中，幼兒通常會有一些親密的朋友可以和他們一起遊戲，但他們也會自由地加入其他小組，參加他們感興趣的活動。與幼兒和教師的關係類似，幼兒通常會先與和自己說同一種家庭語言的同伴建立友誼。當教師注意到幼兒之間共同的興趣時，也會支持他們擴展交友範圍，結交更多的朋友。

通過家庭語言建立聯繫

有幾位教師，尤其是 3 歲班的教師注意到，許多幼兒至少在開始階段更喜歡與和自己說同一種家庭語言的同伴一起玩。和幼兒與教師的關係一樣，這一點並不奇怪。閆娜和梅麗莎在各自的3 歲班中都注意到了這一點。閆娜說：「在很大程度上，孩子更喜歡與和他們說同一種家庭語言的同伴一起玩。」而梅麗莎也反映了類似的情況，她說：「在形成友誼的初期，我們確實能看到不同的以語言為紐帶組成的小組。」

傑瑪推測，在她的 3 歲班中，一些友誼小組的形成可能與語言有關，也可能與語言無關。她觀察到：「都說普通話的女孩喜歡聚在一起玩。但我不知道這是因為語言相同，還是因為她們有相似的興趣和個性。」路易莎則更明確地認為，語言至少在一定程度上會影響幼兒選擇玩伴的決定。在她的 4 歲班中，她注意到一位傾向說粵語的幼兒在與其他會說粵語的幼兒一起遊戲時非常自信。但是，「他在使用其他語言時就沒有那麼自信了」。

通過興趣建立聯繫

隨着幼兒彼此了解，他們的興趣和個性開始變得比語言更加重要。儘管梅麗莎在她的班級中觀察到，幼兒早期傾向於與能夠用共同語言進行交流的同伴組成語言小組，「但在某些情況下，這種語言小組並不適用」。隨着幼兒相互了解並發現共同的興趣，共同的家庭語言就變得不那麼重要。此時，教師的一個角色就是幫助幼兒找到共同的興趣，並以此為基礎來建立新的關係。尼克指出：「有時候有人在做一些有趣的事情，而且你知道他們說的是某種語言。所以，這就會激勵你去學習這種語言。」

隨着學年的推進，幼兒開始根據興趣而不是家庭語言選擇玩伴。克里講述了她班級裏發生的情況：「從學年初到現在，我們有一些孩子更願意和說自己母語的同伴一起玩……然後他們逐漸意識到他們也可以和不說自己母語的人做朋友。」傑瑪和埃絲特在二人小組訪談中提到，她們班上有一羣女孩子都會說普通話，並喜歡在一起玩。但是，正如埃絲特所說，她們有「共同的語言和興趣」。教師認為，對於這個小組來說，吸引她們聚集在一起的更多是對校車的共同興趣，而不是共同的語言。梅利指出在幼兒遊戲中使用其他溝通方式的重要性：

> 如果他們對某件事情非常感興趣，並且看到那些孩子在玩這個，那麼溝通就不僅限於說話了，或者會用到身體語言和手勢，他們仍在溝通，這是共同的興趣。語言可能會在後期才出現，或者其中一個孩子會主動與另一個孩子接觸，以建立起關係。但最初，也許可能只是身體語言。

同樣，興趣將幼兒聚集在一起。他們會找到其他交流方式，而共同的語言則會在之後出現。保羅和路易莎是 4 歲班的教師，他們在班級中看到了更少基於語言的組合分化。保羅說：「我們班幼兒的朋友圈子很多元化，不斷在變化和調整。我們的班級非常有社交性。你會看到兩個說粵語的孩子、兩個說普通話的孩子和一個說英語的孩子在一起玩。」

對於能夠熟練運用多種語言的幼兒來說，他們可能更容易在不同的小組之間轉換，比如在克里的 4 歲班中，她說：「我們班上有一個男孩，他實際上會說四種語言。但當他和他的朋友一起玩時，他們主要說普通話，所以他就會和他們說普通話。他也總是說英語，和說英語的人交流時總是說英語。」一些教師，尤其是那些 4 歲班的教師注意到，隨着幼兒建立起友誼及語言能力的提高，他們會改變語言以適應小組的需求。這種幼兒在組內和組間進行跨語言實踐的現象將在第七章中進行更深入的探討。

耀中所採用的生成課程以探究式教學法為基礎。教師非常注重幼兒的興趣，思考如何在班級中支持幼兒更深入地探索這些興趣。幼兒的課堂體驗是建立在這個基礎之上的（這將在第六章中進一步探討）。因為幼兒有機會自由探索他們的興趣，所以教師經常發現，即使是語言不同的幼兒也會有相同的興趣。在這種情況下，幼兒會聚在一起，使用其他方式溝通。傑瑪對此作了解釋：

> 有時候，興趣是比語言更強烈的紐帶。如果孩子有共同的興趣，他們就會融合在一起。他們的遊戲非常注重非語言表現，並具有非常強的表現力。他們會自然而然地找到彼此。

教師支持幼兒之間的關係

　　幼兒確實會在教室裏尋找友誼，無論是基於共同的語言、共同的興趣還是兩者兼備。教師會鼓勵幼兒進一步互動，幫助他們在班級中建立關係，而不僅僅是與一個小的朋友團體建立關係。教師會給幼兒提出建議，或者指出他們可能沒有意識到的共同興趣。教師可能會要求一位幼兒解釋某件事或幫助另一位幼兒，例如以下來自 2016 年的例子就闡述了這一點。在這個例子中，焦正在觀察克雷格在積木區的遊戲，但不敢接近。

　　南森老師：克雷格，我們有一個問題要問你。你在做甚麼？我們不知道。焦，你知道克雷格在做甚麼嗎？

　　焦：不知道。

　　南森老師：他沒有告訴你嗎？也許我們可以問他。

　　另一個例子來自南森老師和路易莎老師的班級，幼兒對製作釣竿非常感興趣，他們想用這些釣竿去捕捉班裏魚塘裏的紙魚。一些幼兒非常擅長製作釣竿，而其他幼兒則遇到了困難。教師鼓勵更熟練的釣竿製造者教其他幼兒如何製作，就像在接下來的例子中的安吉洛是一個釣竿製作專家，而羅漢則是一個釣竿製作新手：

　　安吉洛：我知道怎麼做！你只需要在這裏放一些東西，在那裏放許多東西，然後捲起來，再把線放在這裏，然後就完成了。

羅漢：你為甚麼不幫我做，好嗎？

南森老師：一起做。羅漢也需要做出貢獻。你不能要求別人為你做。但是一起，你們可以解決問題。

安吉洛：羅漢，我可以幫你。用這個把它做成一個圓形。

作為生成課程的一部分，教師會在整個學年中收集教學記錄。雖然這些記錄主要是用於計畫、與家長溝通，但也用於幫助幼兒回顧以前做過的事情。幼兒喜歡和同伴在一起回顧他們一年中所做的事情。例如2016年，在奧莉維亞和埃莉斯的班級裏，一些幼兒喜歡和奧莉維亞一起瀏覽班級裏所有幼兒的照片。

奧莉維亞老師：〔在電腦上展示照片〕這張照片裏有甚麼？

麗莉克：我看到山在電腦前！

奧莉維亞老師：這裏是惠子和勞倫，她們在一邊，霍莉和莉亞在另一邊。

霍莉：那是我！

小結

在班級中建立起的深厚關係，是耀中陳保琼幼教理論與實踐其他要素的一個先決條件，就像視幼兒為值得尊重、有能力和值得信任的人一樣，教師認識到，合作教學關係和幼兒之間的關係是支援多語言教學和生成課程的重要元素。沒有深厚的關係，這兩者都難以實現。幼兒通過與說其他語言的人有目的地互動，來

提高對這種語言的掌握能力。當他們從其他幼兒或教師那裏接觸到之前未曾考慮過的新想法時,他們的探究思路也會得到進一步的拓展。香港耀中的教師認識到關係的重要性,並有意識地與自己的合作夥伴以及幼兒建立關係,同時促進幼兒之間建立關係。有些幼兒之間很容易建立起友誼,這種友誼關係非常重要,但是,要實現耀中教學法和其他進步主義教育理念所強調的民主交流,幼兒必須懂得如何找到共同點,並與班級中的所有成員進行互動。

註釋

1　本章的部分內容曾經發表在《教學與教師教育》(*Teaching and Teacher Education*)和《多語言與多元文化發展》(*Journal of Multilingual and Multicultural Development*)雜誌上。
Sanders-Smith, S.C., Lyons, M.E., Yang, S.Y.H., & McCarthey, S.J. (2021). Valuing relationships, valuing differences: Co-teaching practices in a Hong Kong early childhood program, *Teaching and Teacher Education*, 97(10), 1–10.
Sanders-Smith, S.C., & Dávila, L.T. (2021). "It has to be in a natural way": A critical exploration of co-teaching relationships in trilingual preschool classrooms in Hong Kong. *Journal of Multilingual and Multicultural Development*, Ahead-of-print, 1–15.

第三部分

以兒童為中心的課程

第六章

生成和探究

　　耀中陳保琼幼教理論與實踐的實施，主要借助進步主義、探究式課程，且該課程建立在幼兒對深感興趣的主題的熱愛基礎上。同時，專業的教師為幼兒提供多元化的社交和學習工具，從而支持他們的學習。運用探究式教學法的教師通過對實踐的觀察和反思，並藉由幼兒的興趣和他們正在做的事來形成課程內容。本章將在對所收集的班級物品和班級觀察的分析基礎上，探討幼兒如何在積極參與的環境中學習基本的前讀寫、前數學和探究技能。在班級觀察和教師訪談中，我們發現耀中教學法使得幼兒通過生成課程來學習，其中探究的主題往往來自幼兒的興趣。教師和幼兒通過建立穩固的班級關係來共同建構學習，雖然教師通常（但並不總是）扮演更博學的角色，但是幼兒也有權力和主觀能動性發起和帶領活動。儘管教師可能向幼兒建議進行一些活動，但他們也會跟隨並促進幼兒主導的活動。

　　本章重點介紹四個班級在整個學年中所進行的生成課程和探究活動，其中包括兩個 3 歲班和兩個 4 歲班。3 歲班分別為 3 歲靛藍色班（梅麗莎，外籍教師；露比，華籍教師）和 3 歲藍色班（梅根，外籍教師；南茜，華籍教師）。4 歲班分別為 4 歲綠色班（尼克，外籍教師；黛博拉，華籍教師）和 4 歲藍色班（克里，

外籍教師；瑪莎，華籍教師）。這四個班級的教師都為我們提供了 2017-2018 學年的班級學習歷程。

信條六：兒童通過生成課程學習

耀中是一所宣導進步主義的學校，受到杜威及其追隨者（Dewey, 1899, 1916, 1938；Pratt, 1948）的啟發。探究式課程主要建立在幼兒對深感興趣的主題的偏好之上，並由專業的教師通過認知、社交和概念調節（conceptual regulation）來支持幼兒進行學習（Dewey, 1916；Katz and Chard, 2000；Rinaldi, 2009）。運用探究式教學法的教師通過對實踐的觀察和反思，以及幼兒的興趣和他們正在做的事來塑造課程內容（Dewey,1899, 1938；Helm and Katz, 2016；Rinaldi, 2009；Stacey, 2015）。耀中的教師使用觀察－反思－回應的迴圈來支援生成課程，並為幼兒的探究提供機會。

生成和探究的基礎

以兒童為中心、基於遊戲的課程並不意味着教師完全退後，讓幼兒「通過遊戲」自行掌握所有東西。相反，教師要為幼兒提供支援和引導，包括明確的示範和提供鷹架（scaffolding），這些都是幼兒在探究時所需的工具。探究工具（例如，知道如何合作，如何提出問題，以及如何使用教室裏陳列的各種工具）有助於讓幼兒更充分地參與探究活動，從而產生新的想法和探究主題。

新幼兒，新學校

耀中學校的幼兒教育從嬰兒和學步兒課程開始，招收 2 歲以下的嬰幼兒（譯者按：最小的為 6 個月大，是亞洲第一所提供這樣課程的幼兒園）。當然，並不是所有幼兒都從嬰兒和學步兒課程（toddler program，指開始學走路的幼兒）開始在耀中學習。事實上，這個階段的班級和學位都比較少。很多幼兒在 3 歲時才開始進入耀中接受幼兒教育，並一直持續到 5 歲之前。因此，許多生成和探究的基礎工作都是在 3 歲班級中進行的，這可以從本章中兩個 3 歲班的學習歷程記錄中看到。

關係，對於幼兒參與生成式實踐至關重要。幼兒可以獨立探索並擁有自己的興趣。然而，與他人合作可以使探究活動更深入，因為其他個體具有不同的視角和想法（Dewey, 1916），這在合作教學關係中也是顯而易見的。前幾章已經指出了幼兒和教師之間關係，以及教師刻意支持幼兒之間建立關係的重要性。從兩個 3 歲班級的學習歷程記錄中可以看出，在 3 歲班開學初期，建立關係不僅是幼兒萌生出來的一種興趣，也是他們正在發展的一項技能。

在 3 歲靛藍色班中，教師注意到幼兒使用語言和身體語言來分享和談論興趣。正如前面的章節所討論的，一些幼兒進入 3 歲班時就會說多種語言，幼兒確實會被和他們說同一種家庭語言的同伴和教師吸引。梅麗莎指出：「在形成友誼的初期，我們確實能看到不同的以語言為紐帶組成的小組。」但是，幼兒會尋找，並在教師的支援下尋找其他交流方式。幼兒開始參與到共同興趣中，圍繞共同興趣進行交流。因此，生成課程既需要幼兒之間的關係，也支持這些關係的發展。

3 歲班的教師還支持幼兒探索新的學校環境，即使對於那些
參加了耀中嬰兒和學步兒課程，或是 2 歲班課程的幼兒來說，教
室空間和學校建築也都是新的。3 歲藍色班的教師指出，通過為
幼兒提供時間和空間自由地探索教室，幼兒開始了解教室資源，
並有信心使用它們。在 3 歲靛藍色班中，教師記錄了幼兒對教室
和花園的探索，尤其注意到花園中的水引發了幼兒對水的特性的
疑惑，而在教室中，探索開放式材料則為幼兒提供了合作和發明
遊戲的機會。

不斷出現的興趣

　　幼兒的興趣在整個學年中不斷出現和重新出現。在本章所展
示的四個班級中，幼兒總是表現出多種興趣，而且新的經歷有時
還會重新點燃他們幾個月前的某個興趣。教師觀察、記錄並鼓勵
幼兒更深入地參與。以下是 2017-2018 學年中出現的一些主要
興趣，這些興趣還逐漸發展成為調查探究的主題。

食物與烹飪

　　對於幼兒來說，對食物感興趣並不稀罕，每個 3 歲班級都記
錄了幼兒對食物的一定程度的興趣。幼兒經常會在教室的角色遊
戲（dramatic play）區或戶外遊戲空間中玩做飯和上菜的遊戲。
這些班級幼兒都有與季節相關的食物體驗，例如天氣變冷時體驗
火鍋，或在聖誕節和春節時體驗各種節日食物。但對於 3 歲靛藍
色班的幼兒而言，烹飪和食物探索是一年中反覆出現的興趣。此
外，在學年中，他們還對光線、海龜和可回收材料等其他事物產

生興趣。

10月份，教師在3歲靛藍色班的感官桌上投放了乾的義大利麵作為一種激發學習的機會。他們注意到幼兒將義大利麵作為角色遊戲的道具而不是用於進行感官活動，於是他們又投放了廚房用具。這引發了幼兒製作義大利麵的興趣，他們探索了食譜，並在教室裏一起製作義大利麵。這一經歷促使教師在感官桌上加入麵粉這項材料，以支持幼兒持續進行角色扮演遊戲。教師和幼兒一起討論如何製作麵團，他們製作了幾種麵團，並嘗試用麵團製作披薩餅皮和義大利麵。

11月，因為幼兒之前並沒有用麵團做過任何可以吃的東西，所以教師提議進行其他烹飪體驗。一位家長加入了這個班級活動，與幼兒一起包餃子。幼兒對這個活動非常投入，以至於另一位家長也要求加進來，與幼兒一起用麵粉製作華夫餅。在12月，烹飪仍然是幼兒強烈感興趣的活動。於是，教師嘗試和幼兒一起製作了幾種不同種類的煎餅，並討論哪種最受歡迎。

由於幼兒多次討論如何按照食譜來製作菜餚，以及通過組合不同的食材來創造新的菜式，教師計畫了一次有機農場的實地參觀活動。幼兒參觀了菜園，採摘了一些他們之後會用來烹飪的食材，並與教師討論了有機食品的含義。幼兒對烹飪的興趣一直持續到寒假之後。1月份，幼兒將角色遊戲區的廚房改造成了一家餐館，並命名為「披頭士餐館」。教師和幼兒一起製作了功能表，並扮演了餐館裏的不同角色，包括服務員、顧客，甚至是訂位人員。

雖然幼兒繼續對餐館遊戲感興趣，但他們對食物和烹飪的興趣卻因為對其他事物的興趣而開始減弱。然而，隨着學年的推

進，幼兒對食物和烹飪的興趣和知識又在學年後期重新出現。3月份，幼兒短暫地對製作披薩產生了興趣，並利用已有的麵團知識進行更深入的探究，包括發現酵母的作用。4月的一天，幼兒發現在吃完點心後剩餘了一些牛奶和香蕉，於是萌生了製作奶昔的想法。

在 3 歲靛藍色班中，食物和烹飪成為這羣幼兒貫穿整個學年的興趣。烹飪開始一點點地融入到其他的調查探究中。隨着幼兒學到了更多的東西，他們能夠重新審視早期的想法，例如將麵粉作為義大利麵的原料或為不同食物製作不同種類的麵團。

蟲子

12 月份，3 歲藍色班的幼兒對昆蟲產生了興趣，原因是其中一位幼兒意外撞翻了一棵盆栽後，他們發現土壤中有幾種不同類型的昆蟲。回到教室後，他們思考所看到的東西。教師和幼兒進行了「我看到、我想到、我好奇」的活動，讓幼兒猜測他們看到的生物是甚麼。那隻身體很長、腿又多的蟲子可能是蜈蚣或毛毛蟲。他們還想知道這些蟲子的大小（圖 6.1），牠們吃甚麼，以及牠們是否有媽媽和爸爸。

教師把土壤移到戶外的一個托盤中，讓幼兒可以繼續挖掘和探索。他們還把一些土壤和蟲子移入昆蟲飼養箱中，以便幼兒可以繼續觀察。幼兒和教師發現其中有一些是金龜子的幼蟲，於是展開了有關這些幼蟲生命周期的討論。

幼兒對盆栽事件引發的昆蟲的興趣相對較短暫。但是，在 5 月份，當幼兒在教室裏的一棵植物上發現了毛毛蟲時，這種興趣又重新被激發了。他們看着毛毛蟲吃掉整棵植物。在好奇心的驅

圖 6.1　3 歲藍色班，觀察甲蟲幼蟲

使下，他們給一位專家寫了一封信，得知這些毛毛蟲是摩門蝴蝶的幼蟲。幼兒再次討論了這種新的幼蟲的生命周期，並在操場上觀察了蝴蝶。

教師在教室裏投放了更多的材料供幼兒探究，包括摩門蝴蝶的照片和其他植物。幼兒好奇為甚麼蝴蝶要吃牠們棲身的葉子、牠們是否會排便。令幼兒欣喜的是，毛毛蟲會結繭成蛹並變成蝴蝶。教師和幼兒再次進行了「我看到、我想到、我好奇」的活動。幼兒推測，飛走的蝴蝶可能會想念他們，並會回來看他們。他們還認為蝴蝶現在就可以產下自己的卵。

祕密和藏匿

除了對昆蟲的興趣外，3 歲藍色班的幼兒還有許多短暫的興趣。他們的作品為展現他們較為強烈的短期興趣提供了絕佳例子。3 月份，教師注意到幾位幼兒在寫祕密信息，他們寫完後會將紙摺起來，然後貼上膠帶密封。整個班級的幼兒都對祕密和如何藏匿祕密非常感興趣。幼兒找到了多種方法來密封紙張以藏匿信息。教師則建議幼兒可以在紙上創造一些只有塗上水彩顏料時才可以顯現出來的祕密信息。

幼兒藏匿信息的興趣逐漸演變為自己躲藏起來，並在教室裏尋找可以藏身的地方。他們發現在操場上比在教室裏更容易藏身。此外，他們還很興奮地把玩具和娃娃藏起來，讓教師或其他幼兒去找。

雖然這種關於藏匿和祕密的興趣只在 3 月份持續了幾個星期，但卻受到幼兒普遍關注，且顯示出強烈的興趣。一些後續的記錄表明，這種興趣還有一些延續的跡象，例如在談論露營時提

到興建帳篷並藏在裏面。然而，從這次探究調查中延續下來的更大興趣是書寫信息，這仍然是幼兒們經常會選擇進行的活動。

班級寵物：蝸牛！

4 歲綠色班的幼兒在一年中會產生幾個濃厚的興趣。其中一些興趣會建立在其他興趣基礎之上，比如對建築的興趣會引發對汽車的興趣，又會引發對城市的探究。學年後半段，幼兒的一個主要興趣是蝸牛。這個興趣源於教師在教室裏設置了一個蝸牛之家，正如他們在蝸牛探究記錄中所述，「一天，兩隻巨型蝸牛出現在 4 歲綠色班裏」。

對蝸牛的探究始於圍繞蝸牛的行為而展開的大量調查，以及以蝸牛為主角而進行的圖畫繪製。幼兒通過反覆畫螺旋線，逐漸熟悉了蝸牛形狀，並創作了許多蝸牛的畫作。幼兒對蝸牛可能吃甚麼很感興趣，他們試着給蝸牛餵食不同的食物，並發現蝸牛更喜歡黃瓜和蘋果。

3 月份，幼兒在觀察了一段時間的蝸牛後開始提出更多的問題。因此，3 月份的探究重點變成了積極探尋問題的答案。當幼兒和其中一位教師在清潔蝸牛之家時，發現了蝸牛的糞便（這讓他們非常興奮），使得之前提出的一些問題也得到了解答。清潔結束後，幼兒決定把蝸牛之家的蓋子拿掉，然後發現蝸牛開始往外爬。

幼兒還進行了一項音樂實驗，他們演奏不同的樂器並觀察蝸牛的反應（圖 6.2）。基於幼兒所觀察到的蝸牛反應，他們普遍認為蝸牛最喜歡鼓的聲音。他們還邀請另一個班級的教師彈奏烏克麗麗（Ukulele）給蝸牛聽。此外，幼兒為蝸牛設計了五顏

圖 6.2　4 歲綠色班，為蝸牛打鼓

六色的活動路徑，繼續在實驗中觀察蝸牛對美的欣賞。他們還用藝術的語言來表達他們對蝸牛的認識，例如繪畫、泥塑和剪螺旋圖案。

3 月底，幼兒驚奇地發現蝸牛鑽進了土裏。他們提出了蝸牛這樣做的若干原因，包括蝸牛感覺累了想去睡覺，或者認為教室燈光太亮等。為此，他們為蝸牛之家蓋上黑紙，以防光線過亮。不久之後，蝸牛之家出現了一些白色的小東西，幼兒紛紛猜想這些東西是甚麼，有的認為是麵包、堅果，還有一些猜得很準確，認為它們是蝸牛的卵。

隨着復活節假期的臨近，幼兒開始非常擔心班級裏的蝸牛卵會無人看管，想着如果沒有人餵養，牠們該怎麼辦呢？於是，一些幼兒主動提出想把蝸牛卵帶回家。為此，教師給這些幼兒每人準備了一個杯子，裏面裝着蝸牛卵和一些土，方便他們回家照料。自此之後，每周末幼兒還可以輪流將蝸牛的爸爸媽媽帶回家照顧。復活節假期結束後，幼兒非常興奮地分享了孵化出來的小

蝸牛的照片。教師還要求幼兒的家長收集有關小蝸牛的記錄，以便與全班分享。之後，小蝸牛被送回學校，加入到蝸牛之家中。

在學年餘下的時間裏，幼兒記錄了小蝸牛的生長情況，發現牠們長得愈來愈像大蝸牛。他們非常認真地履行蝸牛飼養員的職責，確保蝸牛之家的清潔和舒適。此外，幼兒繼續在周末把蝸牛帶回家，並仔細記錄蝸牛成長的進展和活動，以便與全班分享。

雖然幼兒與蝸牛相關的經歷始於教師設置的蝸牛之家，但隨後的探究過程則是由幼兒來推動和主導的。由於他們要照料蝸牛，所以有些事情是必須要做的，例如清潔水箱並為蝸牛提供安全的食物。在這個過程中，幼兒有機會和空間提出問題並進行調查。

「我需要一杯咖啡」：星巴克

整個學年中，4 歲藍色班的幼兒對搭建、製作地圖和釣魚等許多主題表現出濃厚的興趣。除此之外，他們嘗試調整角色遊戲區，以開展與這些主題相關的戲劇探究活動。因此，這些探究也變得更加深入。其中，幼兒最早嘗試的是開一家雪糕店，並在 11 月的時候短暫地創造了這個場景。在這個探究活動中，購買和銷售雪糕是幼兒認為非常重要的環節。他們製作了玩具貨幣，還考慮到不同雪糕可能需要花費多少錢。

寒假後，教室又出現一個新的角色遊戲。起因是在 1 月份，一位幼兒把角色遊戲區稱為星巴克，並開始為其他幼兒製作「咖啡」。他製作了一個標誌，然後和其他幼兒一起開始接單。教師建議在角色遊戲區域中添加食物，於是他們宣布咖啡店開業了（圖 6.3）。

圖 6.3　4 歲藍色班，星巴克杯子

　　幼兒借鑒了之前開雪糕店的經驗，製作了一份菜單並認真
地確定了價格，但他們發現，僅憑自己的力量無法製作出更多需
要的材料，於是，幼兒寫了一封信給當地的星巴克，請求他們給

一些杯子、攪拌棒、蓋子、托盤和吸管。克里老師將這封信送到了店裏，隨後幼兒獲得了豐富的材料來準備他們的班級咖啡館。2月份，幼兒意識到與其他星巴克咖啡店不同的是，他們的咖啡店沒有明確的營業時間。於是，他們製作了適當的標誌來解決這個問題。不久之後，這家咖啡店在幼兒園裏聲名鵲起。教師和管理者開始在早上過來喝「咖啡」了。

到了2月底，幼兒對星巴克咖啡店的熱情開始減退。春節假期過後，我們沒有看到關於咖啡店的任何記錄。相反，幼兒轉而對其他角色遊戲主題產生了興趣。3月份，星巴克咖啡店變成了一個飛機客艙。許多幼兒都坐過飛機，所以他們知道坐飛機需要機票，機票內容包括目的地、乘客姓名、登機口和座位號。與之前星巴克的經歷一樣，幼兒思考如何讓飛機顯得盡可能真實。與此同時，在星巴克的遊戲中，幼兒寫信並與一位教師一起將信寄到星巴克，他們當時得到了回覆，這些經歷引發他們對郵政系統的興趣，於是他們參觀了當地的郵局。

雖然有關星巴克的探究持續時間很短，但它呈現了很高的遊戲複雜性，它是建立在班級裏正在發生的其他事情的基礎之上的，並為後續的經驗奠定了基礎。有關星巴克的探究，是幼兒角色遊戲中不斷創造性地再現一個場所的例子，這類場所往往是幼兒熟悉並希望進一步探究的地方。

月全食：跨班級的探索

2018年1月，當滿月在地球軌道上的最近點時，發生了一次月食現象，被稱為「超級血月」。隨後，三個班級 —— 3歲靛藍色班、4歲綠色班和4歲藍色班開始對太空進行了探索。

在 3 歲靛藍色班，產生對太空的興趣是有點偶然，其中一位幼兒在聖誕期間收到了一張關於太空的海報，並分享給其他幼兒看。於是幼兒尋找了更多的太空圖片，並開始畫他們自己的太空圖畫。教師為幼兒提供了一個移動式太陽系，並邀請小學的科學教師向幼兒介紹九大行星，教師還請家長在晚上和幼兒一起觀察夜空，幼兒第二天回學校後比較了各自的觀察結果。之後，一個小組的幼兒決定要在教室裏建造一個太陽系，他們使用螢光顏料，讓他們的行星可以在夜空中發光，還把創造出來的行星放在一個黑盒子裏，來模擬夜空。

對於 4 歲綠色班的幼兒來說，他們對太空的興趣是從 2 月份開始的。他們也討論了太陽系中的行星，並非常熱衷於繪製並標註這些行星。教師向幼兒分享了有關太空的書籍，鼓勵幼兒創作自己的書；他們還邀請小學的科學教師向幼兒介紹太空，分享太空人以及他們在國際空間站生活的資訊。與太空和行星有關的閱讀與談話活動一直持續到 3 月份，這促使幼兒使用班級裏的材料製作火箭，然後用紙漿製作行星並懸掛在教室裏。與 3 歲靛藍色班的幼兒類似，4 歲綠色班的幼兒對太空的黑暗很感興趣，他們在教室裏創造了一個黑暗的空間，並使用帳篷進行光的實驗。

4 月份，4 歲綠色班前往星辰學院科學中心（Star Academy Scientific Centre）進行了一次實地參觀，幼兒觀看了夜空的投影。回到教室後，他們重新開始創作關於行星的藝術作品。這次探究最終以幼兒在教室內製作一艘太空船而結束，他們使用教室裏的材料如椅子、毛線、紙盤和膠帶來打造它。幼兒認真思考太空船上可能需要甚麼，因此安裝了燈光和發射按鈕。他們還戴上了鋁箔帽，扮演起太空人的角色。

4 歲藍色班也於 2 月份開始對太空進行探索，其起因是當時發生了一次月食。幼兒首先討論了這一現象，然後觀看了月食的照片。隨後在 3 月份，這些前期的討論引起他們對太陽系、地球和月球的新的好奇心。和 4 歲綠色班的幼兒一樣，4 歲藍色班的幼兒閱讀了關於行星的書籍。此外，該班級的教師還邀請了小學的科學教師來到班上。他在兩個班級裏使用了許多相同的材料，並分享了太空人以及他們在國際空間站生活的資訊。這促使 4 歲藍色班的幼兒利用他們現有的材料在教室裏建造了一個空間站。此外，他們還製作了火箭和太空服（圖 6.4），這是他們進行有關太空探險的角色扮演遊戲的一部分。他們用鋁箔紙覆蓋在紙箱上來製作太空服。教師還將太空服的製作延伸到幼兒家庭，並呼籲家長提供可能被幼兒用來製作太空服的材料。

　　4 月份，4 歲藍色班的幼兒專注於使用各自從家中收集的可回收材料來製作火箭。他們觀察了火箭的照片，從最早期的太空計畫中使用的火箭到新的 Space X 火箭，並與他們自己的設計進行比較。他們重新開始興建太空站，這次比第一次嘗試更加耐心和用心。他們還在教室地板上添加了各種星球，讓火箭可以在上面降落，還建造了可以用於倒計時的數位發射台。幼兒玩着自己的火箭，將它們從教室裏的一個星球移動到另一個星球。這項探究以參觀星河科研社（Galaxy Scientific Group）為結束。

　　太空主題是這四個班級中唯一在一個以上的班級中出現的探究主題。有趣的是，兩個 4 歲班的探究非常相似，但仍有許多不同之處。他們都使用了一些相同的材料，並且都邀請過小學科學教師，這引發了他們對太空站的興趣。但他們選擇關注的內容和時間點略有不同。在 3 歲班中，該主題生成的起因不同（即聖誕

圖 6.4　4 歲藍色班，太空服

節的禮物海報），而且幼兒的先前經驗也不同。兩個 4 歲班在學年初都有一些對非常有趣的事件的調查探究，這些探究在 4 歲藍色班之前的案例中被提及，而且 4 歲綠色班也進行過城市和消防站的探究。這次以太空為主題的探究以及有關太空之旅的角色扮演遊戲，明顯是這些經歷的延伸。相反，3 歲班的幼兒在學年初就開始對光這個主題感興趣了，因此，他們更關心太空中的光線和黑暗，而不是進行有關太空之旅的角色遊戲。

信條七：教師和兒童共同建構學習

在宣導進步主義的學校中，教師與幼兒共同合作，沒有明顯的等級制度，使得幼兒和教師可以共同分享不同的觀點。在耀中，教師通常是維果茨基所說的「更博學的人」，他們利用這個角色來與幼兒一起合作探究，並在過程中搭建鷹架和擴展幼兒的想法。即便教師對探究主題不熟悉，他們也會知道一些可以介紹給幼兒的探究工具、專家訪客或實地參觀的機會，這些都可以作為幼兒探究的一部分。

耀中教師是幼兒探究活動的積極參與者。他們通過觀察和擴展幼兒在班級中做的事，支持幼兒發展出新的想法，並與他們一起探索感興趣的主題。這是一項複雜的工作，因為它要求教師不斷追蹤和記錄幼兒的活動，並找到以幼兒的想法和選擇為中心的探究方式。此外，由於耀中主要的教學方式是生成課程，因此教師需要在幼兒主導的探究過程中尋找機會，將幼兒在學校中需要掌握的技能（如讀寫、數學）融入其中，並深化他們當前和未來主題探究所需的技能。

在耀中，教師在幼兒探究期間的部分職責是觀察幼兒正在進行的活動，然後與合作教師一起作為一個團隊反思這些觀察，並思考如何最好地回應以擴展幼兒的學習。這個迴圈是持續進行的，教師一天中收集的記錄將被用於之後的反思。兩人教學團隊共同支援幼兒的探究，合作教學團隊的存在要求教師放慢腳步，與合作夥伴討論，而不是急於回應，教師認為這種做法會促進更深思熟慮的反思。

出現和重新出現

我們在前文中展示了 2017-2018 學年四個班級的幼兒所進行的一些探究活動，其中的一些探究是由幼兒在學年期間不斷出現和重新出現的興趣所引發的。

一個非常明顯的例子是 3 歲靛藍色班對食物和烹飪的關注。幼兒參加了由教師和家長組織的中秋節月餅製作活動。這不是生成的經歷，因為它是節日的衍生活動，而非幼兒的經驗（儘管中秋節也引發了幼兒對光線的探索）。這是一次共用的體驗，讓幼兒獲得了一些共同的烹飪知識。生成的探究始於教師在感官遊戲桌上放置義大利麵，然後觀察到幼兒將其用於角色扮演而不是感官遊戲，這促使了教師對此做出回應，包括在教室裏製作義大利麵菜餚，以及在感官遊戲桌上放置不同的烘焙材料（麵粉，然後是玉米澱粉，圖 6.5）。

圖 6.5　3 歲靛藍色班，用麵粉進行感官遊戲

10 月份，幼兒的烹飪經歷主要來自他們的觀察。有一天，另一位教師（4 歲藍色班的克里老師）在使用巧克力粉，幼兒聞到了味道，這促使教師做出回應，將巧克力粉添加到教師製作的麵團中。

教師和幼兒進行了一些烹飪實踐，但隨後幼兒對這個主題的興趣就有所減退。然而，在 12 月初，這個主題又重新出現了，因為一些幼兒看到了《小豬佩奇》中關於煎餅製作的劇集，便開始進行和製作煎餅有關的角色遊戲。由於幼兒之前已經掌握了一定的烹飪知識，因此教師得以提供更加複雜的烹飪體驗，讓幼兒製作了幾種不同的煎餅。假期結束後，幼兒在角色遊戲區創設了一個餐館，於是這個主題再次出現。雖然這是一個幼兒主導的活動，但是教師通過提供製作標誌和功能表的材料，來回應幼兒的興趣。

蝸牛探究也經歷了一些興趣的出現和重新出現的過程。教師將蝸牛之家放到教室中，這是開始這項探究的契機。教學記錄中還提到，在蝸牛進入教室後，遊樂場上也出現了蝸牛，其他班級也曾對蝸牛進行探究。在上半學年，儘管幼兒探究了幾個不同的主題，卻很少有持久的興趣。而蝸牛則成為一個聚焦點。

雖然蝸牛是由教師提供的，但對蝸牛的探究是根據幼兒的興趣進行的。當蝸牛在 2 月份被帶入班級時，幼兒普遍對牠們吃甚麼感興趣，清理蝸牛之家引發了新的興趣，並提供了解答幼兒關於蝸牛的問題的機會。教師在引導幼兒進行清理的同時也注意到了幼兒的反應，幼兒對蝸牛的喜惡進行了實驗，隨後蝸牛卵和小蝸牛的出生又帶來了新的思考和探究。

在對蝸牛的探究中，蝸牛的日常活動確實激發了大部分幼兒的探究興趣，這也為幼兒重新產生興趣和重新參與蝸牛的探究提

供了機會。教師不僅從蝸牛的日常活動中受到啟發，還從幼兒對蝸牛產生的反應和問題中受到啟發，例如，當幼兒問蝸牛是否喜歡音樂時，教師提供樂器讓他們嘗試；當幼兒擔心小蝸牛被單獨留下時，教師提供機會讓幼兒帶蝸牛回家，這也創造了一個家庭學習活動，讓幼兒和家人一起繼續觀察和記錄蝸牛的變化。

一次性完成的探究

　　並非所有的探究都會在一年內再次出現，而且有些興趣更加短暫。有時，幼兒的興趣是建立在他們之前做過的事情的基礎上，或者只是提供了一個起點，有時，它只是一時的興趣。儘管如此，這些探究仍然很有價值，能夠為幼兒提供新的體驗和新的學習機會。而在探究「祕密／藏匿」和「星巴克」的過程中，這兩個主題引起了大多數幼兒的興趣，但並不是所有班級探究都會產生這樣的效果。

　　教師提到，寫祕密資訊的興趣始於幾位幼兒，然後隨着其他幼兒也感興趣而逐漸傳播開來。教師注意到了這種興趣，並為所有幼兒提供材料，讓他們尋找更複雜的方法來藏匿祕密，例如，不僅使用膠帶，還可以使用繩子等。同時，教師還介紹了另一種創造祕密資訊的方法，即用水彩將祕密資訊顯現出來。針對幼兒對藏匿的興趣，教師還與他們一起展開了一個有關揭示祕密的討論，其中包括「猜猜有多少」的遊戲，而這是由教師主導的短暫興趣。

　　當幼兒的興趣由創造祕密轉向藏匿時，教師參與的方式包括觀察、記錄，以及在幼兒詢問時與他們進行交流。然而，教師將

這項探究交還給幼兒，並選擇不進一步加以擴展。畢竟，並不是每個探究都適合進一步擴展為更大的探究。

3歲藍色班的兩次昆蟲探究都是源自於他們在遊樂場上和班級中與昆蟲的偶然相遇。在這兩次探究中，幼兒對這些昆蟲產生了濃厚的興趣，並提出了許多問題，他們能夠近距離觀察昆蟲幼蟲（甲蟲和蝴蝶），這些探究都是基於這些即時的體驗而展開的。這兩次探究互相影響，幼兒在毛毛蟲出現在教室之前就已經認識了昆蟲幼蟲和昆蟲的生命周期，但這個興趣並沒有引出他們對其他事物的興趣。此外，儘管幼兒很喜歡觀察和談論昆蟲，但沒有出現相關的藝術表徵或其他形式的探究。這個班級的幼兒喜歡寫字和畫畫，就像在創造祕密資訊時所表現出來的那樣，但他們並沒有將寫或畫用於對昆蟲的探究中。

隨着探究的深入，星巴克的探究範圍變得愈來愈大。就像對祕密的探究一樣，這個興趣開始時只在小範圍內展開，後來擴大到整個班級。在這種情況下，教師開始通過提供一些小建議來回應（例如，也許你們可以在咖啡店裏賣一些食物）。幼兒根據之前開雪糕店的經驗製作了一個價格表，教師記錄並進行了評論。但是隨着探究變得更加複雜，幼兒需要教師提供更多的回應。當幼兒意識到他們需要更多的材料時，教師提出了寫一封信給星巴克的想法，然後把信交給克里老師去寄出。

這是一個非常複雜的探究，引起了整個班級（以及學校的大部分教職工）的參與熱情，幼兒變得非常投入，以至於他們在幾周內反覆玩了咖啡店的遊戲。後來，他們轉而做其他事情，班級咖啡店可能不會再次出現。或許如果星巴克的經歷是在學年初開始的，那麼它可能會在之後以某種形式重新出現。但對於這個班

級來說，通過角色遊戲來探究的想法重新出現了，而與咖啡店有關的遊戲內容並沒有重新出現。教師理解這些情況，並做好了準備，以支持幼兒日益複雜的遊戲。

信條八：兒童發起並主導活動

許多探究的主題都來自於幼兒。在四個班級中，持續時間較長的探究主題通常要到 10 月份甚至更晚才會出現，因為幼兒需要一些時間才能逐漸適應班級環境。教師一開始會先支持幼兒開展的一些小規模探究（例如探索教室或對在幼兒園午睡的想法），為之後的探究過程奠定基礎和提供一些探究工具和方法。隨着觀察—反思—回應迴圈的持續作用，教師會關注到幼兒的興趣，並支持他們開展持續時間較長的探究。教師可以通過設置與探究主題相關的激發學習的機會（例如，在教室裏添設蝸牛之家或討論月食），來支持幼兒的探究式學習。但即使在這些情況下，這些教師設置的激發學習的機會也只是一個開始，而幼兒的問題和興趣才是決定探究方向的關鍵。

通過角色遊戲進行探究

戲劇化（dramatizations）是幼兒探究的一種工具。通過分配角色和演繹劇本，幼兒可以更深入地了解社會實踐和社會場所。在本章描述的大多數探究中，幼兒都在一定程度上玩着角色遊戲，例如在餐館或咖啡店工作、去太空旅行、創造對祕密的需求等。教師不僅可以在角色遊戲區觀察並回應幼兒的戲劇化表現，還可以

通過在教室其他區域投放材料和引入想法來回應幼兒。但在某些情況下，正是幼兒在角色遊戲中的所作所為推動了探究的展開，而教師則通過支援更為複雜的遊戲內容和情節來促進這一過程。

創設一個餐館

3 歲藍色班中餐館的創設，源於幼兒餐館遊戲的戲劇化，以及一位幼兒希望將角色遊戲區命名為「披頭士餐館」，因為這是他「最喜歡的樂隊」。幾位幼兒加入其中，共同裝飾餐館。教師在當時的教學記錄中指出，「這個活動完全由幼兒主導，是從他們在廚房區的角色扮演遊戲自然而然地延伸而來的」。餐館這個想法的出現引發了很多複雜的遊戲，教師遵循幼兒創設餐館的願望，提供所需的材料並擴展幼兒的思路，例如開發功能表，其中包括繪製食物、製作標籤和適當的定價。

餐館的探究本身反映了幼兒去過餐館用餐的經歷，他們知道餐館需要有預訂電話和帶領客人入座的服務員。幼兒能夠想像出的角色也反映了他們的經驗，因為他們知道餐館不僅需要廚師和顧客，還需要收銀員和服務員。隨着幼兒之間關於餐館的討論不斷深入，他們還增加了一些其他的角色，比如清潔員，負責在顧客用餐後清理桌子。教師利用幼兒去過餐館的經歷和他們討論在餐館工作、作為顧客和付款的過程。

整個食物探究是由幼兒的興趣所驅動的，但其中許多幼兒的烹飪環節（能夠理解）是由教師主導的，並為幼兒提供深度參與的機會，即提供探究所需的材料並協調了一次實地參觀活動。餐館的探究完全是由幼兒主導的，教師觀察並回應幼兒所做的事情，適時退後以讓幼兒用自己的方式發展餐館，教師會在幼兒需

要時為他們提供道具，並協助他們撰寫菜單。由於幼兒能夠完全主導，所以教師能夠了解到他們對餐館的已知程度和前期經驗。探究進行到這個階段時，幼兒似乎對一個餐館中可能有的不同角色更感興趣。雖然食物在這個經歷中作為催化劑很重要，但餐館的人員結構對幼兒來說更重要。如果教師在這個過程中注重引導而不是觀察，那麼幼兒探究的方向很可能會有所不同，他們也可能會錯失社交／情感、交易概念的學習機會。

真的圍裙，真的飲品

有關星巴克的探究從始至終都是幼兒主導的，它始於一位幼兒與他媽媽每天早上去星巴克的經歷，而班級咖啡店的創建和運營則是他和其他幼兒對星巴克和其他咖啡店已有經驗的直接結果。教師支援幼兒思考咖啡店需要哪些東西，並考慮如何去本地星巴克咖啡店獲取材料。

在探究過程中，幼兒的一些想法超越了典型的角色遊戲，展示了探究具有嚴肅性的特點，也體現出幼兒是在多大程度上以真實經驗為藍本在班級中去體驗和模仿。其中一個例子是幼兒需要製作一套制服。當克里老師分享她送信和從星巴克收集材料的照片時，幼兒注意到星巴克員工身上穿的綠色圍裙，並希望自己也有同樣的圍裙。教師沒有忽略這個要求，也沒有直接購買或替幼兒製作圍裙，而是為幼兒提供了製作圍裙的機會。在教師的幫助下，幼兒在網上找到圖案，將圖案描在布料上，剪下圖案，然後進行圍裙的縫製。

另一個能夠體現在幼兒的主導下這個探究變得盡可能真實的例子是，他們決定不再提供假的飲品。當這個班級開了星巴克的

消息在學校裏傳開後，幾位教師、家長和行政人員開始在早晨來「喝咖啡」。幼兒認為，如果他們想要有真正的顧客，那麼就必須提供真正的飲品。於是，教師回應了幼兒的要求，提供了熱巧克力機，讓他們用來製作真正的熱巧克力。

通過觀察和反思幼兒在探究中的主導角色，教師認識到這個探究的複雜性，了解到幼兒深入思考經營咖啡店所需的物品的意願，以及幼兒對探究的嚴肅態度。教師沒有忽略幼兒想要穿真正的圍裙或製作真正的飲品的願望，而是找到了方法與幼兒一起深化這個經歷。

解決問題

當幼兒在探究過程中遇到挑戰時，教師會鼓勵他們去尋找解決方法，並在必要時進行觀察和提供指導。這些挑戰通常源於幼兒提出的問題或想法，這進一步加深了他們的探究。

夜空

3歲藍色班對夜空的探究是從進行光與黑暗的實驗開始的。在2月份，幼兒決定在教室裏建造一個太陽系。作為之前對光的興趣的延伸，讓星星和行星在夜空中發光對幼兒來說非常重要。然而，他們發現在明亮的教室裏很難營造夜空的景象，即使是關燈並拉上窗簾也於事無補。這是一個挑戰，教師和幼兒都認真面對了這個挑戰，他們沒有認為半暗的教室就足夠了，而是決定使用「我們在環境中能找到的每一種黑色的開放式材料」來建造一個「超級暗的空間」。幼兒將數個大紙箱用黑色紙和黑色油布覆

蓋起來，並把這些紙箱放在教室的某個角落裏，從而創造出一個小但非常暗的洞穴。在這個洞穴空間裏，幼兒可以觀看到閃爍的星星和行星。

就像在星巴克探究中一樣，教師認真對待幼兒想要一個暗度適宜的空間來代表太空的意願。他們沒有忽視幼兒的意願，或稱教室已經「足夠暗了」，而是協助幼兒尋找材料，並建造了一個超級暗的空間。

太空船

在參觀了星辰學院科學中心並觀看了一部有關太空人在太空中生活的電影後，4 歲綠色班的幼兒決定在教室裏建造一艘太空船。這是一個龐大的工程，因為幼兒想要建造一艘可以進入艙體的飛船，而不是之前建造過的較小的火箭模型。他們開始使用教室裏的可回收材料來建造飛船。此外，他們還運用了在這個探究中所學到的與太空船和太空人有關的知識，並思考了他們的飛船需要甚麼。

在飛船的建造過程中，教師的參與很少，因為幼兒幾乎不需要教師的說明。幼兒一起討論他們需要甚麼，考慮可以使用的材料，並做出適當的呈現。例如，一位幼兒用不同顏色的（清理煙斗用的）煙斗通條來代表飛船的燈，而其他幼兒則裝飾一些盤子並將它們固定在牆上，以代表太空人可以看到的螢幕。幼兒還使用鋁箔帽來代表頭盔，並用空瓶子來製作氧氣罐。

在探究的這一部分，教師的角色是支援幼兒發展出他們需要的、有關建造一艘可以放置在教室中的太空飛船的基礎知識，並確保幼兒有必要的材料，包括可回收材料、膠水、膠帶、記號筆

和顏料。在這個經歷中，教師可以觀察幼兒的探究過程，並通過提供材料來回應幼兒，同時讓他們自己主導整個探究過程。

提出問題，尋找答案

在耀中班級裏，許多探究活動的開展其實都是對幼兒關於這個世界的疑惑的直接回應。在這四個班級中，幼兒在進行許多探究的初期，都會和教師一起完成一個稱之為「我看到、我想到、我好奇」的活動，以明確表達出自己的疑惑。在一些探究中（例如，星巴克和烹飪探究），幼兒會探索他們之前沒有明確提出的問題。在另一些探究中，幼兒明顯有想要去探尋的答案。

昆蟲

3 歲藍色班進行的兩次昆蟲探究，都是因為幼兒遇到昆蟲（或昆蟲幼蟲）且對所看到的產生好奇並提出的問題而展開的。這些探究的大部分過程都是幼兒在教室裏觀察昆蟲，以找出答案。在 12 月的第一次探究中，他們提出了關於這些昆蟲是甚麼、牠們如何移動，以及牠們吃甚麼等問題。幼兒觀察昆蟲，並在有需要時，在教師的指導下上網查詢資訊。通過觀察，他們了解到昆蟲吃葉子，並通過牠們的腿來移動身體。在教師的幫助下，他們還了解到這些是幼蟲會變成成年甲蟲。

5 月份，當幼兒遇到毛毛蟲時，他們提出更多的問題，儘管這些問題顯示出他們的已有知識。他們知道毛毛蟲會吃葉子，但好奇牠們為甚麼要吃掉植物所有的葉子。他們知道毛毛蟲會結繭，但想知道這會在何時發生。此外，他們還對毛毛蟲的種類存

有疑問，並通過寫信給昆蟲專家來獲得答案。

幼兒對昆蟲的好奇心促使他們在教室裏觀察昆蟲，他們的問題引導着他們的觀察，教師和幼兒都為了特定的目的而進行觀察，而不僅僅是為觀察而觀察。

蝸牛

與 3 歲藍色班的昆蟲探究類似，4 歲綠色班的幼兒對於 2 月份加入班級的蝸牛也有很多問題。他們想知道「為甚麼蝸牛會躲在土裏？」「牠的眼睛在哪裏？」「牠喜歡音樂嗎？」「如果我們不蓋上蓋子會發生甚麼？」「蝸牛怎麼排便？」「我們可以給牠們起甚麼名字？」這些問題引導了幼兒隨後的探究。其中一些問題在清理蝸牛之家時得到了解答，教師和幼兒發現了蝸牛的糞便，並拿走蓋子看看會發生甚麼（答案是：蝸牛會爬出來，但爬得很慢）。幼兒還通過為蝸牛播放音樂來做實驗，因為他們對蝸牛欣賞甚麼音樂很感興趣。

幼兒通過觀察發現，蝸牛會藏在土裏產卵，這引發了他們關於蝸牛卵和小蝸牛的新問題，進而產生了新的觀察任務和帶蝸牛回家照料的需要，這樣幼兒就可以觀察牠們的夜間行動，並記錄相關情況。

教師提供了蝸牛之家，但隨後的一切卻由幼兒主導。如果幼兒對蝸牛的生活沒有興趣，那麼牠們只會成為班級裏的一個裝飾，即幼兒會注意到牠們但不會產生疑問。但事實上，幼兒對蝸牛產生了很多問題，這引發了後續對蝸牛的觀察和實驗（圖 6.6）。在這個過程中，教師要確保蝸牛得到適當的照顧，在必要時為幼兒提供材料和支援，還要着重觀察、反思和回應幼兒的興趣。

圖 6.6　4 歲綠色班，尚未完成創作的蝸牛陶土作品

小結

　本章聚焦於耀中幼兒園四個班級一整年的生成課程，並探討了耀中的教師如何鼓勵幼兒在教室內外去「看、想、好奇」。我們所收集的教學記錄表明，教師從未忽視過幼兒的探究方式，而是通過提供豐富的體驗、探究工具，並將學習活動延伸到幼兒的家人及家庭中，從而為幼兒提供更深入的參與機會。耀中的生成課程，展示了幼兒的探究在一個學年內是如何發生轉變的，從調查蝸牛的音樂喜好，到探索雪糕的成本，再到創建一項在幾周內經歷多次反覆運算的戲劇遊戲式的經商活動。正如本章所述，這些探究都是由幼兒的興趣驅動的。儘管如此，教師也還是會通過刻意協調幼兒的體驗和所需的材料，為他們的探究引路，同時支持和擴展幼兒的想法，培養童年期健康發展所需的能力，為日後在學校學習取得成功奠定基礎。

第七章

多語言教學方法 [1]

　　以英語、粵語和普通話進行教學的三語學校在香港各級教育中愈來愈普遍（Wang & Kirkpatrick, 2015；Wang, 2020），這一現象既反映了香港這座城市的歷史，也反映了香港回歸後的現狀。香港從 1841 年至 1997 年在英國的殖民管治時期，英語是政府和高等教育的主要語言，學校裏同時教授英語和粵語（Flowerdew, 1999）。自 1997 年香港在「一國兩制」政策下重新歸屬於中國以來，普通話在教育和政治情境中得到了認可（Lee & Leung, 2012）。

　　為了了解幼兒如何學習其他語言，以及如何通過運用其他語言和支援家庭語言來學習，我們分析了班級觀察和教師訪談的資料。最初，我們關注幼兒在班級裏實際使用語言的方式，隨着研究的深入，我們又關注了合作教學關係如何支援其他語言的學習。

　　我們在 2016 年重點觀察了耀中的一個典型班級 —— 4 歲黃色班 —— 以了解幼兒的語言使用情況。這個班級有 22 位幼兒，其中 18 位在家中只使用單一的家庭語言（見表 7.1）。除了其中一位幼兒外，其他幼兒在學校裏至少使用兩種語言。每位幼兒對於不同語言的熟練程度各有不同。奧莉維亞和埃爾西是這個班級的合作教師。

表 7.1　幼兒在家庭和學校所使用的語言

	英語	粵語	普通話	英語和粵語	英語和普通話	英語、普通話和粵語
家庭語言	3	7	8	3	1	0
學校語言	1	0	0	11	0	10
優勢語言	9	9	3	--	--	--

　　雖然 22 位幼兒的資料都被用作分析，但本章主要討論 12 位幼兒的互動情況（表 7.2）。在為期兩周的班級觀察期間，所有幼兒的言語都被記錄、翻譯和轉錄。轉錄是按照個體幼兒的話語（utterance）進行組織的。話語是指語音的自然停頓，當話語結束時，另一位說話者可能會回應，也可能表達另一種話語。這 12 位幼兒在每種語言上的話語數量詳見表 7.2。

表 7.2　幼兒在學校的語言使用頻率

	家庭語言	每天的話語數量	英語使用率（%）	粵語使用率（%）	普通話使用率（%）
埃馬紐埃爾	普通話	30.11	46.86	25.09	28.04
埃絲特	普通話	30	17.78	15.56	66.67
喬治	粵語	28.125	11.11	87.56	1.33
格蕾絲	普通話	17.11	37.66	15.58	46.75
霍莉	英語和粵語	43.71	74.84	24.84	0.33
健	粵語	52.77	36.42	63.58	0.00
約翰	普通話	21.5	18.60	49.42	31.98
約書亞	英語和粵語	30	37.41	60.37	2.22
惠子	英語和法語	26.33	100	0	0
勞倫	英語	24.22	91.28	8.72	0
麗莉克	粵語	27.44	46.15	41.30	12.55
米婭	粵語	33	23.23	76.77	0.00

在考慮合作教師關係和師幼關係如何與其他語言的學習相互作用時，我們參考了前幾章提到的 2018 年合作教師訪談。

信條九和十

本章與其他章節不同的是，我們將第九和第十項信條結合起來討論。在第九項信條中，教師支援幼兒發展家庭語言；在第十項信條中，教師支援幼兒學習額外的語言。雖然這兩項是獨立的信條，但很難找到教師只踐行其中一個方面而摒棄另一個方面的證據。雖然所有信條都相互關聯，但第九和第十項結合起來代表了一種為幼兒提供語言支援的方法。當與幼兒合作進行項目探究、支援幼兒的社交和發展需求，或者出於任何原因與幼兒交談時，教師幾乎總是認可並支持幼兒使用他們的家庭語言，同時也支援他們學習其他語言。但是，當幼兒受傷或情緒低落時，教師知道到這些需求比學習其他語言更為重要。在這種情況下，幼兒會通過家庭語言得到支援。因此，在本章中，我們將討論教師和幼兒如何使用語言來支援家庭語言的發展和其他語言的學習。

進步主義教學法和語言發展

由於耀中採取多語言的進步主義教育模式，班級體驗帶有民主色彩，允許幼兒成為課程的積極開發者，而教師則支持幼兒的想法和動機，並將他們自然的傾向引導至更深層次的教育體驗。因此，在構建這些經驗時，教師刻意讓幼兒聽到和使用英語、粵語，以及一些普通話。在實踐中，教師會參與或退出幼兒正在做

的事，更重要的是，在這個過程中教師會關注那些可以更深入地參與幼兒感興趣的主題的機會（Helm & Katz, 2016；Rinaldi, 2009）。

幼兒在各種班級活動（例如，探究、角色扮演、創作表徵、與教師和同伴討論所發現的事情、重新啟動某些活動以實現更深入的參與等）之間自如地混雜使用多種語言；雖然教師會計畫一些活動來回應觀察到的幼兒的特別需求或興趣，但支持這些活動的教師，不是按其說甚麼語言來決定的，而是看哪位教師更適合促進該活動。

例如，有一天，當埃爾西老師注意到幾位幼兒正在用積木建造香港地鐵時，她回應了他們的需求，在美工桌上放置了彩色筆、紙張和八達通的影本（在香港，八達通是能用於支付地鐵車費的智慧卡），以支持幼兒自製八達通。那天早上，埃爾西老師用粵語與幼兒一起在美工桌旁交談，了解他們對八達通的已有經驗，因為這些幼兒之前都見過如何使用八達通。當天晚些時候，奧莉維亞老師加入了這個製卡活動，用英語與幼兒討論製作八達通時用的馬克筆的顏色和其他材料。通過這種方式，說英語和粵語的幼兒在與同一項探究相關的活動中都得到了家庭語言和其他語言的支援。

那個星期晚些時候，小學的一位科學教師受邀來到班上，用冰、岩鹽、牛奶和塑膠袋製作了雪糕。雖然幼兒非常喜歡雪糕，但他們更感興趣的是冰，這表現在他們從塑膠袋裏取出冰，並將冰拿到陽臺上去觀察會發生甚麼。奧莉維亞老師建議幼兒把水倒進杯子裏冰凍，這樣他們第二天就有冰可以進行實驗了。幼兒在探索冰時繼續用英語與奧莉維亞老師談論他們的觀察結果。埃

爾西老師注意到一些幼兒對於冷凍其他材料（例如顏料）很感興趣。於是，她在這個探究環節中起了帶頭作用，並用粵語開展相關討論，這再次為幼兒提供了多種語言的支援。她與幼兒一起在冰盤中放置許多材料，包括顏料、棉花、紙和果汁，以探索哪些材料會結冰，哪些不會。

除了在班級內使用英語和粵語口語之外，英文和中文書寫也是幼兒日常體驗的一部分。班級規則、幼兒寫的信以及他們喜歡唱的歌曲都以兩種語言的形式出現，教室圖書區的圖書也是如此。教師還會同時用英語和粵語（當有普通話教師在場時，也會使用普通話）說故事。班級會議由兩位教師共同主導。必要的班級指令可以用英語或粵語來傳達，主要取決於說話教師的語言。

教室提供了跨語言實踐的空間（García & Li Wei, 2014；Li Wei, 2011），鼓勵幼兒應用自己的全部語言庫來參與以兒童為中心的體驗式學習（Axelrod, 2014；Mateus, 2014）。在某些情況下，就像下面的例子中所展示的，幼兒使用一種語言（粵語）與他人交流，以此培養多語言能力。

借閱圖書館的書

在這個例子中[2]，粵語教師埃爾西老師和勞倫以及霍莉坐在教室裏的一個小圓桌旁，而其他幼兒則在參加其他班級活動。勞倫懂粵語，但在班級裏主要說英語。霍莉在家的主要語言是粵語，但她更喜歡在學校說英語，並經常和勞倫用英語進行遊戲。埃爾西老師正在與這兩位幼兒一起借閱一些中文圖書，以便帶回家閱讀。在這個活動中，幼兒需要在借閱清單上用中文寫下書名和借閱日期。

埃爾西老師：是的，這樣寫就可以了，5 月 26 日。你可以直接寫。你可以用彩色筆。你想要甚麼顏色，彤彤（勞倫的粵語名字）？

勞倫：紫色。

埃爾西老師：你喜歡紫色嗎？你的髮夾是紫色的。

霍莉：紫色也是我最喜歡的顏色。

埃爾西老師：你也喜歡紫色嗎？我也是！但我今天沒有穿紫色。彤彤身上有紫色。好的，讓我教你怎樣寫「紫色」兩個字。紫琳的名字裏有這個「紫」字。除了紫色，你還喜歡甚麼顏色？

勞倫：橙色。

埃爾西老師：「橙色」是這樣寫的。這個「橙」字與你吃的水果「橙」用的是同一個字。它是「木」加一個「登」。好的，還有其他顏色嗎？

勞倫：粉紅色。

埃爾西老師：粉紅色。你今天穿的衣服上有粉紅色嗎？

勞倫：〔低頭看自己的衣服〕沒有。

埃爾西老師：我也沒有。紙是粉紅色的。

霍莉：但我的襯衫上有紅色。〔指着襯衫上耀中標誌中的紅色部分〕

埃爾西老師：是的，你有紅色。如果你把紅色和白色混合在一起，就會變成粉紅色。

勞倫：〔意識到她也穿着同樣的襯衫〕我也有紅色。我們一樣！

在這個對話片段中，我們看到所有人幾乎都只說粵語，即使它不是勞倫的主要語言。過程中，勞倫用英語表達了對她最要好的玩伴霍莉的支持。埃爾西老師也知道幼兒會將她與粵語聯繫在一起，並使用粵語與她交流。雖然勞倫在與埃爾西老師和霍莉用粵語交流時可能會感到有些不安，但通過埃爾西老師試探性的提問，她卻能夠積極參與到粵語對話中。同時，霍莉既能通過與其他幼兒頻繁使用英語進行互動來獲得英語的發展，也在使用她的家庭語言 —— 粵語 —— 方面得到支援。這段對話展示了在學校「開放語言」（open language）的理念下，語言使用方面的刻意性（García et al., 2017）。此外，通過搭建一平台協助勞倫發展粵語能力，埃爾西老師和霍莉促進了幼兒的社交包容（social inclusion），鼓勵他們更廣泛和更深入地參與課程（García, 2009）。

這次互動還有一個值得注意的地方，即談話的流暢狀態反映了班級課程的靈活性。雖然這並不是一堂有關顏色的課，但埃爾西老師發現馬克筆顏色的選擇可以作為吸引勞倫參與討論的切入點，同時也能夠吸引霍莉加入這個對話（Helm & Katz, 2016）。雖然勞倫說的話比霍莉少，但她一直微笑着，當埃爾西老師指出她的紫色髮夾時，她開心地笑了起來。埃爾西老師還抓住這個機會，讓這兩位幼兒參與一些額外的漢字書寫，因為在那一刻，他們覺得寫作不僅有趣而且有用（Pratt, 1948）。

玩一個新遊戲

在其他情況下，我們觀察到幼兒會使用一種語言參與某項活動，然後使用另一種語言重複進行同樣的活動，這使得許多幼兒有機會同時學習家庭語言和其他語言。例如，在第一個場景中，幾位幼兒

想要玩埃爾西老師早上帶來的新遊戲。隨後，埃爾西老師通過用粵語帶領關於遊戲玩法的討論，來支援幼兒第一語言 ── 粵語 ── 的發展。從幼兒認真的面部表情和實事求是的語氣中可以看出，這是一次真正的討論。第二個場景發生在當天晚些時候，幼兒希望與奧莉維亞老師一起玩這個遊戲。其中，曾與埃爾西老師一起玩過遊戲的麗莉克，用英語為奧莉維亞老師和之前沒有玩過遊戲的幼兒介紹遊戲規則。這兩個場景展示了幼兒如何在不同的語言之間自由學習，以實現相似的目的，以及如何在一種語言中吸收新的學習內容，然後在另一種語言中展示學習成果（García & Kleyn, 2016）。

麗莉克在使用她的第二語言 ── 英語 ── 來教奧莉維亞老師相關遊戲規則時展現出了領導作用，這也表明了她作為「更博學的人」的地位。這次互動以及幼兒與埃爾西老師對規則的認真討論，都體現出班級中教師和幼兒之間的關係以及教師將幼兒視為學習主體的立場（Dewey, 1899, 1916；Malaguzzi, 1994）。幼兒可以通過提出玩遊戲的建議、傾聽和質疑規則，並向另一位教師提出玩遊戲的建議，來展現自己的主觀能動性。這種互動通過將教師和幼兒定位為積極的共同學習者（Cagliari et al., 2016），來支持進步主義實踐，並通過將資訊從一種語言的使用者傳遞給另一種語言的使用者，來提供語言技能的真實應用，從而促進幼兒多語言能力的發展。

互相協商的關係

對於幼兒來說，跨語言實踐是表達主觀能動性和批判性的一種強有力的方式，能夠讓他們參與到平常情況下可能不會參與的

對話中。無論每位幼兒對教師所說的語言的熟練程度如何，教師在學年初與班級中的所有幼兒都建立了良好的關係，以支持進步主義實踐和語言學習。教師通過豐富幼兒的經驗、提供激發學習的機會，並讓他們參與自己感興趣的活動，來鼓勵幼兒與說不同語言的同伴建立關係。這使得幼兒能夠以真實的、以兒童為中心的方式與多語言的同伴互動。與多語言的同伴建立關係對於維持和學習普通話尤為重要。4歲黃色班級的兩位教師都不會和幼兒說普通話，而普通話教師每周只上一次課。因此，在4歲黃色班中，對於母語是普通話的幼兒和那些將普通話作為其他語言來學習的幼兒，大部分普通話方面的支持都來自其他幼兒。

午餐時的對話

在下面的例子中，約書亞、約翰、埃馬紐埃爾和麗莉克一起坐在餐桌上，他們正在討論午餐的湯。奧莉維亞老師也坐在同一張餐桌上，但她正和鄰桌的幼兒交談。這些幼兒開始用粵語交流，表達了他們不喜歡這道湯的想法，然後轉而使用普通話交流。

約書亞：*這是奶油湯。*

約翰：*味道好像……我只喜歡一種湯，那就是胡蘿蔔湯……我只喜歡兩種湯：雞湯和胡蘿蔔湯。兩種：雞和胡蘿蔔。*

埃馬紐埃爾：*雞胡蘿蔔，雞胡蘿蔔。*〔笑〕

〔約翰和麗莉克也笑了〕

約書亞：不，是胡蘿蔔，胡蘿蔔，*cheh cheh cheh*。

在交談中，約翰恢復使用普通話（他的主要語言）來詳細說明自己的喜好，並與約書亞和埃馬紐埃爾共同構建新的理解。這表明，在教室中進行跨語言實踐，能夠使幼兒成為領導者並在語言、社交和學業方面相互支持（Leung, 2014）。通過跨語言實踐，埃馬紐埃爾也能夠更全面地參與到談話中，因為他的主要語言也是普通話。這使他能夠用自己的家庭語言而不是其他語言參與談話。約書亞能夠流利使用粵語和英語，但在學校很少說普通話，儘管他經常在與其他幼兒遊戲時聽到普通話。埃馬紐埃爾用「雞」（在普通話俚語中「雞」也指男性生殖器）一詞玩文字遊戲，約翰和其他幼兒笑了，而約書亞則沒有笑，這很可能是因為他沒有理解這個雙關語。在這種情況下，跨語言實踐通過低俗幽默使得在一種新的語言中進行冒險嘗試變得可能（Axelrod, 2014），這也說明了幼兒如何以複雜的方式參與語言互動。

雖然約翰在家裏說普通話，但他更經常用粵語與同伴交流，即便有些同伴也會說普通話，這讓他對自己的家庭語言建立了信心。此外，他更喜歡和主要以粵語為母語的幼兒一起遊戲，且每天都會與粵語教師互動，這也許暗示了他想要與班級以外的主流語言社區建立聯繫的願望（Leung, 2014）。然而，以上的例子表明，他仍然更願意使用普通話來讓自己被大家理解。最後，雖然幼兒傾向於使用在場教師所說的主流語言，但他們也注意到奧莉維亞老師正在進行一場不同的談話，所以他們沒有試圖讓她加入進來。

串珠

在第二個例子中，威廉、埃絲特、麗莉克和格蕾絲坐在一張桌子旁，用珠子製作裝飾品。威廉和埃絲特都是普通話母語者，並一直使用普通話進行交流，直到威廉邀請麗莉克加入到他們的談話中。

威廉：*哪一個更美？*

〔麗莉克指着埃絲特的珠串〕

威廉：*為甚麼？*

麗莉克：*因為她的有很多種顏色。*

威廉：*我的也有很多顏色！*

麗莉克：*但我還是更喜歡埃絲特的。*

埃絲特：*我喜歡粉紅色，因為我覺得很多人都用不同的顏色。不同的顏色也很好⋯⋯你比我慢。*

威廉：*沒錯。*

麗莉克：*為甚麼你有那麼多心形的珠子？*

威廉：*我要用這些。*

格蕾絲：*你的有點⋯⋯*

埃絲特：*有點甚麼？*

格蕾絲：*你的看起來不像是男孩子做的。*

威廉：*我的看起來就像是男孩子做的。*

埃絲特：*它看起來真像是男孩子做的。當你加上紫色時就不會那麼明顯了。*

這段對話表明威廉意識到麗莉克的主要語言是粵語。之後，

隨着串珠小組又說回普通話，語言選擇也隨之改變，埃絲特發表了一條僅針對威廉的評論。麗莉克在交流中變得較少進行口頭表達，儘管她繼續聆聽同伴的發言並參與活動，這使她能夠使用另一種語言進行交流。這種由粵語轉向普通話為主的學習方式有助於讓精通普通話的格蕾絲參與進來。在這個例子中，多語言與幼兒的語言意識相結合，提供了與生成課程原則（包括以兒童為中心的學習）相一致的共同學習體驗。通過在粵語和普通話之間切換，幼兒打開了一個共同建構的學習空間，在這個空間裏主要以他們的觀點和興趣為中心。

教師干預

最後一個例子展示了教師如何引導幼兒的學習和建立關係。在這個例子中，山多次打斷喬治、健和米婭正在玩的紙牌遊戲。於是，健奪走了山手裏的紙和膠帶，身高最高的喬治把紙貼到了山碰不到的牆上。山變得沮喪，並試圖跳起來把紙拿下來。

> 健：把紙給我⋯⋯我不會把它貼在你身上，真的！我只是把它貼在這裏。
> 喬治：我可以跳得更高。
> 米婭：別。別讓它被拿走。
> 山：哦，不，別這樣！

儘管整個交流過程都是用粵語進行的，但奧莉維亞老師注意到了正在發生的事情，用英語進行了干預，並把紙拿下了。

奧莉維亞老師：停下。這是誰的？

〔喬治指着山〕

奧莉維亞老師：你。然後他拿到了。你想把它貼在喬治身上嗎？

山：我之前⋯⋯〔模仿喬治把它貼在牆上〕

奧莉維亞老師：喬治，如果我拿了你的紙並把它扔到上面，你會開心嗎？

〔喬治搖頭表示不會〕

奧莉維亞老師：是的，你會不開心。

　　山和喬治的英語有限。儘管如此，他們都能理解奧莉維亞老師的意思。山能夠通過非口語表達的方式解釋自己的情況，他們沒有嘗試用英語以外的其他語言進行回應，因為他們知道奧莉維亞老師的主要語言是英語。在奧莉維亞老師的幫助下，山學習了一些詢問如何加入遊戲的策略。之後，山去找其他幼兒一起遊戲，這說明了跨語言實踐如何改變環境中的社會結構（social configurations）（Wei, 2018）。當奧莉維亞老師注意到幼兒在粵語交談中有衝突時，她沒有尋求會說粵語的合作教師的幫助，而是對當時的情況進行了評估，並用英語進行了說明，她希望幼兒有足夠的機會來理解和回應她。山和喬治雖然都不太會說英語，但他們能夠以非口語表達的方式讓自己被理解（Andersen, 2017），並表現出對奧莉維亞老師的尊重和喜愛，而這主要表現在他們會立即遵循她的指示，在她說話的時候專心聆聽，當她坐下與他們交談時靠着她。

教師創造使用多種語言的空間

在第五章，我們概述了耀中教師和幼兒如何建立跨越語言的關係。信條三、四、五強調了刻意建立關係對於支援家庭語言和其他語言的重要性。幼兒發展語言能力是為了能夠與同伴和教師進行口頭交流。正是由於教師如此精心地培養關係，幼兒才能將其用於語言發展。正如之前所述，這對於幼兒使用家庭語言和其他語言來說非常重要。通過幼兒與教師建立合作和扶持的關係，以及與同伴建立以共同興趣為基礎的關係，耀中的語言支援才能得以實現。

為了在教室內創設一個可自由分享對探究式教學的想法的空間，教師在個人、搭檔和焦點小組訪談中，反思了為何要在他們之間、他們與幼兒和幼兒自己之間建立關係（Dewey, 1916）。由於耀中的幼兒都處於學前階段，正在學習與同伴社交（Copple & Bredekamp, 2022），所有合作教師都認為有必要通過他們的合作教學實踐來引領和示範社會化和為建立關係所做的努力。

儘管信條九和十側重於對幼兒的語言支援，但教師之間的關係以及教師對語言的認知也很重要。教師強調需要開放心態，並願意學習其他語言和文化，從而支援強有力的合作教學關係，以及促進耀中多語言氛圍的發展。伊莎貝拉指出，當「老師開放心態並願意共同合作」時，與來自不同文化的人進行合作教學會更容易。外籍教師也強調保持自身開放的必要性，奧莉維亞反思道：「我們有這麼多不同的人和這麼多不同的國籍，你需要不斷去了解不同的視角。」保羅則以不同的方式感受到了這種動態關係：

我認為東方教師更難適應我們，因為我們帶有自信。
把自己推出去是西方文化的一部分。我們很大膽，而在這
裏他們比較內向，所以對於他們來說更難敞開心扉。

　　所有教師都指出，交流是困難的，特別是跨多種語言的交
流。雖然兩位合作教師都會說英語，但在接受採訪的外籍教師
中，沒有一個人會說粵語（他們中都能聽懂一些，其中一個正在
積極學習）。對於外籍教師來說，聽不懂對話並試圖從語氣中解
讀意思會令他們感到沮喪，正如伊莎貝拉所述：「當我們大聲說
話時，他們會認為我們在對某人生氣，可能是對他們或孩子們。」
瑪莎接着說：「有時候當他們聽到我們大聲笑時，會感到擔憂。」

　　教師還指出，耀中的理念為他們建立關係提供了共同的基
礎，並促成了一種推動多語言教育的統一方法。在他們回顧之前
在其他學校的工作情況時，這種影響尤為明顯。奧莉維亞回想起
自己在香港的第一次教學實習經歷：

　　我知道在我以前的學校，第一年我也是一名合作教師，
我真的很難適應那裏的文化……但在這所學校，情況就不同
了，因為如果你不想做某些事情，你不會被強制要求去做。

通過生成課程支援發展多種語言能力

　　信條九和十也得到了信條六、七和八的支持 —— 這些信條
涉及生成課程和探究式教學法。我們在第五章的合作教學實踐研

究中發現，合作教學的結構為幼兒進行更深入的探究提供了機會。合作教師需要一起討論自己的觀察，而不是立即做出回應，這樣可以獲得更深思熟慮的回應。如果遵循杜威（1933）提出的探究框架，那麼探究本身旨在具有教育意義，因此，探究性學習需要關注幼兒的興趣、具有超越單純愉悅的價值、喚醒幼兒新的好奇心和對資訊的需求，並給予他們充足的時間來執行此過程。

就像我們在奧莉維亞和埃爾西的班級中發現的例子一樣，生成課程的應用影響了教學團隊對幼兒學習第一語言和其他語言的支援方式。通過圍繞幼兒的共同興趣所展開的有趣互動而建立的合作關係，是教師支援語言發展的主要途徑。許多教師強調，在一個能讓幼兒使用新語言與他人互動和遊戲的班級環境中，對於學習第二或第三種語言是有價值的。因此，關係和探究是支持幼兒語言學習的兩大要素。

梅根談到讓幼兒在一天中不間斷地聽到語言的價值：「學習一門語言的最好方式就是身在其中……所以它非常真實……每次他們吃飯時，都會聽到與兩種語言相關的詞彙。」南茜則闡述了以自然的方式來學習語言，特別是中文，而不是許多學校會用的死記硬背式語言學習方式：「因為我知道在通常情況下，我們讓孩子們非常自然地學習語言，我們不會說『哦，今天我們要學習中文數字一到十。好的，坐下來』，我們不是那樣的。」梅根和南茜的想法都指向體驗式學習機會的概念，而且幼兒在這些機會中能夠通過探究、實驗和親身實踐來學習。尤其是在幼兒教育階段，這種學習方式經常被用於支援許多主題的學習（例如，Dewey, 1899, 1938；Katz & Chard, 2000；Rinaldi, 2009）。耀

中教學法以及那些在理念、課程和教學法方面大量借鑒了杜威和其他進步主義教育家的思想的教師，會將體驗式學習擴展到促進學習多語言的領域。

通過興趣、關係和尊重樹立幼兒的自信

一些幼兒，特別是那些在家中沒有得到其他語言支援的幼兒，在學年初不太願意使用新語言。教師認為他們需要引起幼兒對新語言的興趣，就像他們刻意激發幼兒對其他主題的興趣一樣（Helm & Katz, 2016；Katz & Chard, 2000 年）。尼克認為：「語言必須是有意義的才能使用，尤其是對於孩子來說，如果孩子看不到它的使用目的，他們就不會使用它。」教師使用多種策略來激發幼兒對語言的興趣，其中最常提到的策略之一是閱讀圖書或說故事。南茜談到如何用故事來激發幼兒對中文的興趣：「有時我會說一個帶有圖片的中文故事，他們會坐下來聽，我認為他們先通過聽來學習語言。」

在 3 歲班的華籍教師的焦點小組訪談中，有一個討論是，當一位教師用一種語言發出指示時，另一位教師可以用另一種語言重複一遍，以讓所有幼兒都聽到兩種語言的指示。南茜解釋說：「如果我對一個只說英語的孩子說一些重要的事情，那麼我的合作教師會再用英語重複一遍。」戴安娜將這個策略擴展到說故事中：

> 我們嘗試給孩子讀故事。有些外籍孩子只懂英語，但他們想聽故事。外籍老師會坐在旁邊，用英語告訴他們關鍵字，這樣他們仍然能夠理解故事的內容。

即便有些幼兒不理解教師說故事時所用的語言，教師採取這種將所有幼兒囊括到說故事活動中的方法，為組織小組活動提供了機會，並讓幼兒認識到故事書結構在新語言中的應用。在瑪莎的合作教學團隊訪談中，她特別提到故事是語言學習的一種「自然的」方式，她說：「它必須是以一種自然的方式進行。我認為最好的方式就是聽故事，如果孩子喜歡聽故事，他可以自然而然地吸收很多語言。」

由於所有華籍教師都會說英語，所以他們也能夠為幼兒提供一些英語支持，黛博拉談到她曾通過為幼兒提供一些英語單詞，來幫助他們更好地與她的外籍搭檔互動：

> 班裏有個孩子想知道尼克老師每天怎麼來學校。他用粵語問我。我假裝不知道。或許你可以直接問〔尼克老師〕。然後這個孩子說：「我不知道怎麼問他。」我會說一些英語，或者示範怎麼用英語說。

幾位教師還提到，可以將有疑問的幼兒帶到能說他們家庭語言的同伴或教師那裏尋求幫助。另外，合作教師團隊還經常策劃一些多語言活動，並希望幼兒可以基於自己的興趣來選擇活動，而不是基於語言。埃爾西不僅擅長計畫讓幼兒使用其他語言的機會，而且能夠發現並創造當下的機會，她說：「我需要抓住機會，這樣我就可以鼓勵她，並讓她接觸到那種語言……你要抓住她感興趣的那個時刻。」克里之前曾在韓國一所學校任教，該學校對第二語言的習得採用比較說教式的方法，她強調幼兒需要享受語言學習的過程：

如果幼兒被強迫,他們就會失去學習和語言的樂趣。我知道一些孩子〔在我之前的學校中〕,他們被迫在幼兒園階段學習英語,所以他們在學校裏不被允許說韓語,他們必須一直說英語,當時他們只有 3、4 歲,到了 9、10 歲的時候,他們會說:「我討厭英語,我討厭它。」

教師之間以及教師與幼兒之間刻意的、共同合作的關係,彰顯了相互尊重的特質,也體現了信條一和二所打下的基礎。因此,教師注意到,幼兒之所以信任教師,是因為他們支援並促進幼兒的語言發展。瑪格麗特描述了與一位幼兒之間特別的關係:

我用粵語說:「你可以試試看,就試一試。讓我們看看你能聽懂多少。」只要鼓勵她嘗試,她就會發現當她有信心的時候,也許有一天她會試着跟我說粵語。

梅根強調,即使幼兒沒有使用某種語言進行口語交流,他們仍在學習該語言,教師應該尊重這個過程:

我們要尊重它。你不能強迫幼兒學習另一種語言。他們要麼是那種可能有很好的理解力的雙語學習者,但他們還沒有準備好使用這門語言,這種情況下,你需要給他們時間,讓他們聽。

即使教師無法理解幼兒,他們也很注意尊重幼兒的學習過程。傑瑪指出:

我聽她說普通話，以表明我願意傾聽，因為我不想讓她以為每次我都不想，我不在意。然後我會解釋說：「哦，我不確定。去找埃絲特問問吧。」

　　傑瑪知道自己可以通過這種方式引導幼兒與埃絲特互動，並且能夠預測到埃絲特會如何回應。

　　同樣地，尼克描述了他的合作教師黛博拉如何注意到幼兒想用英語與他交流，並幫助這些幼兒掌握一些關鍵短語。他說：「所以，她會用非常簡單的英語句子來呈現他想說的內容，然後他就會過來說這個東西。」通過合作教學關係，尼克和黛博拉一起合作，並通過與幼兒建立關係來樹立幼兒在語言方面的自信。此外，為了支援幼兒的語言發展，教師在語言的使用上靈活且有策略。

整合時所面臨的挑戰

　　教師發現，在使用生成課程的多語言班級中進行合作教學，總體上效果良好，但是，教師也看到了兩個方面的困難或需要改進的地方。其中一個與教師在理解幼兒語言方面的能力有關。梅麗莎建議為教師提供更多學習幼兒使用的其他語言的機會，她說：「要讓英語老師有機會學習粵語，讓粵語老師有機會學習普通話，讓普通話老師有機會學習兩者中任何一種語言。」她提到在為普通話母語的幼兒提供支援時所遇到的困難：「我看到我的合作教師很苦惱，因為我們班上有很多說普通話的孩子，而她不是普通話老師。她的普通話有限。」

　　教師還提到與讀寫有關的困難，特別是中文讀寫。在教英文

讀寫時，外籍教師知道如何促進幼兒在語音、音素意識和字母知識方面的能力；而中文書寫系統不僅與英文，以及其他與拉丁文相關的語言文字系統非常不同，而且中文書寫和口語之間也存在差異。因此，中文能力有限的外籍教師會感到無法支援幼兒學習漢字書寫。正如梅根所說：「當是英文的時候，我可以識別出生成書寫（emergent writing），我現在正在學習一點中文，但如果有〔生成書寫〕的話，我可能會不知道。」

華籍教師確實了解漢字教學，但他們指出，那種通常用於教授寫字的死記硬背式的教學方法有悖於耀中的生成課程模式。華籍教師阿比蓋爾強調，在耀中，讀寫學習源於幼兒的興趣：「中文讀寫，因為這取決於孩子的興趣，每年的興趣都不同。」在訪談中，瑪莎提到了幼兒希望寫他們感興趣的事情，而不是按照中文書寫的系統去寫時的教學困難。她說：

> 因為在中文書寫中，他們需要先學習這些基本技能，然後才需要寫更難的字。但是在這裏，孩子已經很快地寫出了非常難的漢字……是的，我們試圖找出如何平衡這一點的方法。因為漢字，需要遵循一定的順序。但在這裏，孩子不會這樣。他們只會，就像畫畫一樣，畫出這個字。這不是真正的書寫。現在，這就是中文所面臨的問題，我認為。

這些問題，包括教師的語言能力和如何讓幼兒通過生成課程學習中文書寫，都是耀中這類學校教育所特有的。在這些教育中，語言是通過積極而真實的方式呈現給幼兒的。

對多語言教學方法的反思

長期以來，耀中在支援其他語言發展方面所採取的措施，強調了促進雙語合作教學關係的重要性。其中，為了促進幼兒的語言發展，兩位教師的目標始終保持一致且透明（Arkoudis, 2006；Dávila et al., 2017；Honigsfeld & Dove, 2016；Villasanti, 2016）。

以關係為中心

教師認識到，無論是在支援其他語言的學習，還是在使用生成課程方式方面，建立關係是他們工作的基礎。合作教學模式以及允許幼兒通過真實體驗來學習其他語言的選擇，都為幼兒在園時使用三種班級語言創造了機會。與已有研究中闡述的發現類似（Björk-Willén, 2007；Cekaite & Björk-Willén, 2013），本研究中的幼兒也表現出他們能夠認識到其他幼兒的語言能力，有時還會切換語言以包容同伴，比如威廉在詢問麗莉克時選擇使用粵語。此外，幼兒能夠使用他們的全部語言庫（García & Kleyn, 2016）來與同伴交流，比如約翰用普通話表達了他對午餐的看法。即使幼兒在理解教師使用的主要語言方面理解力有限，教師仍能與他們建立關係並互動。

教師在思考與合作教學夥伴的關係時，將學校理念作為合作教師之間建立合作關係的共同基礎。由於學校要求每個班級都有兩位不同母語的教師，因此教學團隊會包括兩個文化背景非常不同的人。正如 Carless（2006）所指出的，當教師，特別是外籍

教師，願意學習另一種文化時，合作教學關係就會得到提升。另外，教師還強調要對他們的合作夥伴和當地文化持有開放和尊重的態度。建立所有班級成員之間的關係（包括教師之間、教師與幼兒之間、幼兒之間）是所有其他教育工作（包括有效的合作教學和支援幼兒的語言學習）的第一步。

在耀中，合作教師之間刻意地建立他們的公平關係，以及為他們的智力公平啟發提供了條件。因此，教師能夠共同反思教學實踐。此外，教師還刻意發展與幼兒的關係，並通過提供共同的興趣來支持幼兒與同伴建立關係，這也為幼兒的智力啟發創造了條件，從而促進幼兒的學習。

為多語言發展創造條件

教師為幼兒創造了在班級活動中使用多種語言的機會。總體而言，他們不會採用死記硬背式的語言學習方式，而是將語言學習視為探究活動的延伸。由於幼兒可能與使用不同家庭語言的同伴產生共同的興趣，因此，將這些興趣轉化為探究活動有助於幼兒在不同的語言羣體之間建立關係，從而有機會聽到甚至使用他們的第二語言進行遊戲。另外，與已有研究中的發現類似（Rytivaara et al., 2019），本研究的教師認識到幼兒有圍繞共同興趣展開溝通的需要，這促使幼兒積極參與使用該語言進行的活動和對話。

然而，與全浸式語言教學不同的是，教師不會假設幼兒只要接觸到語言，他們就能在沒有額外支援的情況下學會它，這也印證了曾有研究者在雙語班級中合作教學方面的發現（Creese,

2006；Davison, 2006）。他們會為幼兒提供必要的單詞和短語，以及與說另一種語言的教師互動的機會。教師還會關注幼兒，並尋找機會來激發他們對新語言的興趣。重要的是，教師希望幼兒喜歡使用他們的第二或第三語言，而不是感覺被迫學習。因此，他們願意給幼兒時間，尊重幼兒的語言學習過程，同時儘量避免出現削弱幼兒掌握新語言的信心的情況。

小結

雖然所有教師都希望通過班級關係促進自然的語言學習，但這很困難，也是耀中的教師要繼續深入探索的領域。首先，雖然華籍教師可以說粵語和英語，但外籍教師卻不能流利地說粵語。華籍教師指出，儘管大多數外籍教師能夠理解常用的班級用語，而且有一位正在學習粵語，但他們無法輕而易舉地理解和回應說粵語的幼兒，而華籍教師則能夠理解並回應說英語的幼兒。這樣形成的結果是，華籍教師能夠理解幼兒的英語對話並用粵語回應，但反過來外籍教師則較難做到。此外，許多說粵語和英語的教師不會說普通話，這限制了使用普通話作為教學媒介的機會。雖然這是支援幼兒學習其他語言的教學方法中的一個難點，但並不妨礙關係的建立、合作探究或語言學習。不過，這是耀中陳保琼幼教理論與實踐不斷演化過程中需要持續反思的地方。

耀中的多語言教學方法需要以之前提及的所有信條為基礎。教師必須尊重幼兒，將其視為有能力的個體，否則，他們可能不會相信幼兒能夠通過真實的互動，而非死記硬背的教學方法來學習語言（無論是家庭語言還是其他語言）。教師必須彼此建立穩

固的關係，以支持班級中的語言學習，並與幼兒也建立緊密的關係。此外，幼兒必須看到一種超越語言障礙的關係模式，並在班級關係中投入足夠的時間和精力，以迫使他們尋找新的溝通途徑。基於探究式教學法的生成課程，為幼兒在興趣導向的主題探究中真實地使用語言提供了機會，這也使得幼兒能夠為了一個即時的目的而去學習語言，並在探究中運用多語言。因此，耀中的多語言教學方法不只是包含第九和第十項信條的內容，它也是耀中教學法多個元素共同發揮作用的產物。

註釋

1　本章的部分內容曾經發表在《雙語研究期刊》（*Bilingual Research Journal*）和《多語與多元文化發展期刊》（*Journal of Multilingual and Multicultural Development*）上。
Sanders-Smith, S.C. & Dávila, L.T. (2019). Progressive practice and translanguaging: Supporting multilingualism in a Hong Kong preschool. *Bilingual Research Journal*, 42(3), 275–290.
Sanders-Smith, S.C. & Dávila, L.T. (2021). "It has to be in a natural way": A critical exploration of co-teaching relationships in trilingual preschool classrooms in Hong Kong. *Journal of Multilingual and Multicultural Development*, Ahead-of-print, 1–15.

2　在所有的例子和對話中，英語以普通文本形式呈現，粵語以斜體形式呈現，普通話則以底線的形式呈現。

第八章

問題解決和學業學習

　　耀中陳保琼幼教理論與實踐的信條相互連接、互為支撐，為幼兒提供一個受到尊重和珍視的空間，在這裏，教師和幼兒之間建立了牢固的民主關係，幼兒被支持說英語、粵語和普通話，並且幼兒的興趣和探究驅動了課程的發展。所有這些信條都支持問題解決，以促進社會情緒（social emotional learning）學習和學業學習。最後兩項信條或許代表了人們對幼兒教育的傳統觀念 —— 社會情感的發展和早期學業能力。這兩項信條在耀中非常重要，並得到教師的認真對待，此外，它們都建立在其他信條的基礎上，支持着教師對幼兒的看法、關係和語言的學習，並被融合到生成課程當中。

信條十一：兒童使用語言解決學習和社交問題

　　教師和幼兒共同解決問題。通過建立密切的關係、支援自我表達和多種語言的使用，教師為幼兒提供了使用語言的條件（即他們聽到教師使用的語言，以及他們與同伴一起時使用的語言），以找到問題的解決方案。該策略適用於解決各種問題，尤其適用於解決社交問題。我們認為，這是教師支持幼兒社會情感

學習的關鍵要素。儘管社會情感學習貫穿於耀中教學法中，但是，在幼兒積極識別和解決問題的主觀能動性方面，則主要體現在第十一項信條中。

社會情感學習

在探討第十一項信條時，我們思考了耀中的教師如何在整個課程中廣泛地重視和支持幼兒的社會情感學習。耀中教學法在社會情感學習領域的應用以生成課程模式為基礎，該模式認可幼兒的主觀能動性，並推崇尊重的互動模式。對於教師來說，社會情感技能通常通過語言，以及用英語、粵語和普通話展開的日常互動，來自然而然地培養。過程中，教師會為幼兒提供必要的支援。他們還會持續觀察和支援幼兒，促使幼兒認識自己、表達情感，並與同伴一起發展社交技能（Vespo et al., 2006）。此外，在可能的情況下，教師會同時使用英語、粵語和普通話，來支持幼兒的社會情感學習。教師以各種方式支援幼兒解決衝突。瑪莎提到：「衝突和困境也是我們課程的一部分。」教師的使命是為幼兒提供語言工具和策略，協助他們解決衝突，從而幫助幼兒發展更強大的社會情感學習技能。

雖然教師刻意關注並為社會情感學習創造機會，但當幼兒可以使用工具和語言自行解決衝突時，他們也會放手。在耀中，幼兒被視為積極的主體，有能力在教師的指導和支援下學習和發展社會情感技能，並使用他們所學到的語言工具。教師提供機會讓幼兒練習這些技能。梅麗莎表達了支持這種觀點的看法：「我認為當你真的把他們看作是有能力的時，你會發現他們可以通過自

己的經歷學到很多東西。」她提出，她的社會情感學習的方法是為幼兒提供學習技能和工具，而不是代替他們做事。克里認同幼兒可以自己解決衝突或嘗試解決問題。她補充道：「實際上，他們可以做得非常好。」此外，她表示自己很了解班上的幼兒，除非有必要，否則在衝突發生時她不會干涉幼兒自己解決問題。

使用語言來認同和接受情緒

通過在班級裏開展有關情緒的討論，幼兒的自我情感意識得到了培養。另外，通過中英文故事書，幼兒可以認識到不同的情緒。為了通過提供語言支援來實現幼兒識別和解決問題的目的，教師支援他們認識並發展關於情緒的詞彙，幫助他們用不同的語言來描述自己的感受，並理解他人的感受。莎倫（Sharon）強調幼兒「學會如何平靜自己，傾聽並與他人交談」的必要性。有時，教師會建議幼兒一些處理情緒的方法，或者鼓勵他們關注他人的情緒。在其他情況下，即使在幼兒因負面情緒而大發脾氣時，教師也會口頭認同他們的感受並提供支援。合作教師南茜和梅根認識到，在某些情況下幼兒需要用非言語的方式來表達強烈的情感，因此她們教幼兒尋找身體上的情感釋放出口，例如當幼兒感到沮喪，想要摔打電腦鍵盤時，引導他們通過打枕頭來發洩情緒。

雖然提供解決問題的工具很重要，但教師在幼兒感到憤怒或難過時也會提供其他形式的安慰。例如，當凱莉一整天都悶悶不樂時，路易莎老師會一邊幫助其他幼兒進行環節轉換，一邊抱着她坐在自己的腿上輕輕晃動。路易莎老師和南森老師注意到薩爾瓦托經常受到挫折情緒的困擾，當他們發現他可能會情緒失控

時，會引導他到教室中相對安靜的遊戲空間裏待着。奧莉維亞老師知道珍心情很不好，於是她會在珍哭的時候抱着她，和她輕聲交談，了解是甚麼讓她這麼傷心 —— 她想念已經出差了好幾天的父母；奧莉維亞老師還會提供機會，讓幼兒在午餐談話時思考思念家人的感受，促使幼兒參與有關情緒和情感的口頭討論，並分享自己的經歷：

> 約書亞：下午我會和奶奶在一起。
>
> 奧莉維亞老師：你奶奶也要照顧你嗎？
>
> 卡洛琳：我的保姆阿姨（Jeh Jeh）也和我在一起。
>
> 奧莉維亞老師：你的保姆阿姨（Jeh Jeh）照顧你。你的媽媽在上班。
>
> 約書亞：奧莉維亞老師，我的奶奶也照顧我。
>
> 奧莉維亞老師：珍，你聽到了嗎？約書亞有時候也是他的奶奶照顧他，是嗎？就像珍一樣。

雖然珍仍然因為父母不在而感到難過，但她能夠參與到這次對話中（主要是通過聽），並認識到她的同伴都有類似的經歷。幼兒繼續對話，討論他們在其他成人照顧時如何應對想念父母的問題。

通過實況轉播提供語言支援

實況轉播為幼兒創造了更多的機會，來模仿教師在支援他們解決問題時所使用的語言。閆娜在訪談中說到：「所以，我們通

過實況轉播來支持他們，真正指出正在發生的事情，我們不會給孩子貼標籤，比如說『你一定很生氣』之類的言語。我們不會讓他們認為『哦，我可能感到生氣』。我們只是說：『你在哭，你想告訴你的朋友甚麼嗎？』」

瑪格麗特強調，在使用實況轉播解決衝突時，保持中立是很有必要的：「這意味着我們不能認定自己要站在哪一方，可能我們只會說：『哦，我看到你真的想要這個東西。』或者『你想要這個東西。』」隨着學年的推進，南森老師發現班上的幼兒要求教師介入衝突的情況愈來愈少，而是自己解決衝突。他說：「現在我們有一些孩子，自信地 —— 有時候非常堅定地 —— 說：『我不喜歡你那樣做。那樣不好。你這樣做不好。』」

在奧莉維亞和埃爾西的班級裏，曾經發生過一個實況轉播的案例。在一位來訪教師帶着幼兒做了雪糕製作實驗後，有幾位幼兒對冰產生了興趣。當時，天氣非常炎熱，幼兒喜歡將冰帶到戶外，並放到水裏玩，然後再把托盤裝滿水以製作新的冰，第二天再繼續玩。在這個實驗中，伊莎貝拉和麗莉克之間就哪些托盤需要重新冰凍發生了分歧：

　　　　伊莎貝拉：把這個水也放進冰箱裏。

　　　　麗莉克：不，我不想把它放進冰箱裏。

　　　　奧莉維亞老師：伊莎貝拉想要把它凍起來，但麗莉克不想。

　　　　麗莉克：〔停下來，指着托盤〕也許這個可以放進冰箱裏。

雖然教師經常使用實況轉播，但他們也通過提供必要的語

言來支援幼兒。蕾妮在訪談中指出，雖然她確實有在使用實況轉播的策略，但她也會：「想出一些短語來給他們，讓他們一起合作。」這種做法也可以在班級中觀察到。一天，在路易莎和南森老師的班級中，有三位幼兒正在遊樂場上觀察蟲子。其中，凱莉發現安東尼擋住了她的視線，導致她沒辦法看到。她表達了自己的沮喪，一遍又一遍地重複說：「安東尼，我看不到！」南森老師建議她挪一下位置，但她不想這樣做。於是，南森老師又建議說：「那你需要與安東尼協商，告訴他，他的手擋住了你的視線。」

通過多語言實踐來進行社會情感學習

教師通過使用不同的語言，幫助幼兒建立與解決社會和學業問題相關的主觀能動性。正如前面提到的，教師每天在班級中會提供不同的語言示範，供幼兒觀察。在某些情況下，在支援幼兒之間互相提問或解決問題時，能說兩種語言的教師會在兩種語言之間進行切換。隨着幼兒發展出各種語言庫，他們可能會以教師為榜樣。

通過跨語言實踐來構建社交理解

我們在觀察中看到，教師在一天中偶爾會混雜使用不同語言，即進行跨語言實踐，儘管這種情況不是很頻繁。然而，有時候，教師會根據需要來實踐語言的混雜使用，以便被更好地理解。雖然教師通常會使用家庭語言和另一種語言來支援幼兒的雙語發展，但他們也認識到，有些時候讓幼兒可以輕鬆理解別人傳

達給他們的資訊也非常重要，特別是涉及到安全問題的時候。例如，當三個男孩在排隊等車時推撞，路易莎通過用粵語、普通話和英語先後說道：「這樣推別人很危險。」

其他時候，教師會通過重複合作夥伴所說的話，或用另一種語言加以擴展，來提供語言支援，以確保所有幼兒都能理解。這些內容可能不像安全問題那樣重要，但對於幼兒需要清楚理解的一些重要流程來說卻十分必要。例如，有一天，4 歲黃色班的幼兒要到中學禮堂為即將到來的畢業典禮做準備。他們需要在典禮上進行一次簡短的小提琴表演。[1] 然而，在等待分發小提琴時，奧莉維亞老師和埃爾西老師班裏的大多數幼兒都情不自禁地撥弄起小提琴的琴弦，這使得小提琴老師需要多次重新調音，這導致了練習時間比原來計畫的要更長 —— 幼兒需要明白這個問題，並思考解決方法。因此，當全班回到教室後，教師就發起了一次集體談話。[2]

奧莉維亞老師：埃爾西老師，你知道今天，當我們在畢業典禮上的時候，我一直看着舞臺。但是，埃爾西老師，我看到一些孩子，他們拿起小提琴，然後開始撥弄琴弦。

埃爾西老師：是啊，我知道那會讓〔小提琴的〕聲音不一樣。

奧莉維亞老師：然後小提琴老師又要重新調音。所以，孩子就得等。

埃爾西老師：是啊，我知道這次練習花了 15 分鐘時間。

奧莉維亞老師：15 分鐘！那比我們計畫的時間長。所以，我在想，在〔畢業典禮〕當天，如果小提琴老師一

次又一次地調音，我們可以拉開舞臺幕布嗎？

幼兒：不行。

奧莉維亞老師：那會發生甚麼呢？

約書亞：爸爸媽媽就沒有驚喜了。〔長時間的調音將意味着家長不會如原計畫一樣對表演感到驚喜〕

威廉：奧莉維亞老師，這樣不好。

埃爾西老師：*是的，如果你沒有好好地拿着它，你的小提琴就會掉下來，老師就需要再次調音。為小提琴調音需要花很長時間。那麼我們就必須等待。*

威廉：*如果爸爸媽媽當時在拍照，他們就拍不到我們的演奏時的照片了。*

〔用英語和粵語討論拍照〕

埃爾西老師：*這是你們的第一次畢業典禮，重要的是要尊重自己，也要尊重其他人。*

在這次討論中，奧莉維亞老師先用英語開啟談話，埃爾西老師也用英語來支持討論，但她隨後開始將部分內容翻譯成粵語，以澄清一些事情。有些幼兒，例如威廉，一開始用英語（並不是他的主要語言）回應奧莉維亞老師，但隨着埃爾西老師開始使用粵語，他也轉而使用粵語。有關拍照和畢業典禮的重要性的討論是用兩種語言混合進行的，過程中，埃爾西老師將幼兒的一些建議翻譯給奧莉維亞老師聽。最終，幼兒決定在畢業表演中不隨意撥弄琴弦，因為這會導致很長時間才能拉開舞臺幕布，而家長將無法拍照。正如埃爾西老師對幼兒說的那樣，有時候控制自己想做某件事的衝動（比如撥弄小提琴的琴弦），是尊重他人的表現。

信條十二：教師在兒童主導的學習經歷中，有意識地將兒童的學習經歷和學業技能聯繫起來

在信條金字塔的頂端是學業技能，在我們的實踐中，硬技能（hard skills）是為將來學業奠定基礎的內容，例如，前讀寫和前數學是我們關注的內容。其中一些技能被自然地融入到其他信條中，因為幼兒可以通過關係、生成課程、使用多種語言參與思想交流，來學習學業技能。正是對互不相連的技能和能力的刻意關注，才定義了第十二項信條的內容。這是最後一項信條，一項只能作為其他所有信條的結果而存在的信條，不過，這項信條非常重要。人們常常錯誤地認為，採用生成課程的進步主義等理念支撐下的學校教育忽視學業技能的重要性，或者僅在它們出現時才會關注，事實上，耀中的教師會通過真實的活動，並結合幼兒提出的想法以及教師的提議，來刻意培養幼兒的學業技能。

滿足學習領域

香港耀中的教師使用英國教育部的《早期教育基礎階段法定框架》（*Early Years Foundation Stage (EYFS) Statutory Framework*）作為指引。《早期教育基礎階段法定框架》確定了七個學習領域：(1) 溝通和語言；(2) 個人、社會和情感的發展；(3) 身體發展；(4) 讀寫；(5) 數學；(6) 對世界的理解；(7) 藝術的表達和設計。雖然耀中的教師沒有使用《早期教育基礎階段法定框架》的所有要素（例如，評估實踐），但是管理者表示，該框架和七個領域確實為他們提供了一個「確保所有幼兒獲得與年

齡相適宜的學習和進步的指引」。在解釋耀中教學法如何瞄準那些在傳統意義上被認為是學業學習的內容時，凱薩琳分享了這個框架。她說：「我們有《早期教育基礎階段法定框架》作為我們的指導性文件，但我們不會生搬硬套。那只是對我們的指引。我們通常會做的是盡力將學習融入到孩子們的興趣中去。」

通過持續的觀察和反思，耀中的教師刻意觀察並關注七個學習領域。奧莉維亞分享道：

我們有七個不同的學習領域。通常你可以看一下觀察表格，然後會說：「哦，天啊！我沒有觀察到這個領域的任何東西嗎？於是，我會特別關注這個孩子，看看能否找到這個領域的相關情況。」

其他教師也提到了觀察幼兒的特定技能，例如傑瑪在她的3歲班中進行了數學方面的觀察：「我們在建築區觀察了他們，搭建塔樓，『哦，我的更高，我的比你的高。』所以，我們看了長度以及測量了不同的材料和物品。」

教師會創造各種機會，使得教室裏能夠涵蓋不同的學習領域。就像尼克所說的：

我們有不同的區域，這些區域實際上涉及所有學習領域。但是學業方面主要來自我們教師。我們看的方式，我們觀察的方式。

在梅麗莎的班級中：

只是，它看起來像是確保這些時刻發生在他們的學習中。這不一定是簡單明瞭的「數學區」或其他區域，而是要確保在他們的學習中，在我們正在探索的這些興趣中，他們接觸到這些基礎，如果他們喜歡，我們會擴展它們。

如果幼兒在某個學習領域內沒有展現出發展的跡象，或者他們在遊戲和探究選擇中很少花時間在某個學習領域，那麼教師將會為幼兒在這個領域創造機會。由於教師成對工作並一起記錄教學過程，所以教學團隊內部會共同確認幼兒缺失的學習領域，並將其作為反思的一個主題。奧莉維亞解釋道：

> 埃爾西和我經常會發現一個問題，然後我會說我真的需要為這些特定的孩子收集一些檔案資料。然後她發現了和我一樣的事情。這很有趣，因為你必須問問自己，是不是因為他們太獨立了，所以你把注意力放在了其他孩子身上，然後可能你沒能夠仔細地觀察他？還是因為他們主要集中在一個區域遊戲，而且他們沒有擴展？他們可能需要一些鼓勵或類似的觸發點，或其他東西來嘗試新事物。

處理幼兒沒有涉及到的學習領域，會成為教師教學的一個契機，因為他們需要思考如何吸引幼兒進入新的體驗。正如尼克所解釋的那樣，這成為了一個考慮因素。他說：「我們要考慮我們的準備和我們的環境，我們可能會創設一個與數學有關的激發學習的機會或場景－背景。」

學業學習與幼兒的興趣

耀中的教師強調，學業學習應該與幼兒的興趣相關。建立學業技能、興趣和探究是許多進步主義實踐的標誌（Dewey, 1899, 1938；Helm & Katz, 2016；Pratt, 1948）。這需要教師具備相當高的專業知識，才能辨識出能將學業技能與幼兒在做的事情結合起來的機會，同時又不會剝奪幼兒自主進行的活動（Jones&Reynolds, 2011）；這還需要教師信任幼兒，並希望他們學習更多互不相連的技能，以便他們獲得更多的探究工具（Cordoba, 2020）。正是由於這些原因，信條十二特別依賴耀中教學法中的其他要素，且耀中的教師對自己有能力利用幼兒的興趣來瞄準那些互不相連的學業技能進行培養充滿信心。

在路易莎 2016 年的訪談中，她強調了通過生成課程來幫助幼兒學習學業技能的重要性：

> 生成課程，我認為對孩子來說非常好。有時我們可以看到一些孩子，你可以看到進步。現在的家長約談，我們在第二次約談中與家長交談，有些家長可能仍然很擔心，因為他們朋友的孩子，會學到很多，怎麼說呢，哦，學到數字、寫字，他們會有一些壓力。然後我們可以向他們展示孩子按照我們的課程學到了甚麼。然後，也許有時候，我們沒有設置正式的，這個星期我們學習 ABC，下個星期我們學習句子，我們的孩子，因為他們的興趣，我們會追隨他們的興趣。很多孩子，不是很多，但他們中的很多人，他們會閱讀……不僅會閱讀，也許還會畫畫。然後

我們告訴〔家長〕，這對孩子來說是一項非常好的基礎技
能，例如，中文書寫。

在 2018 年的訪談中，幾位教師提到他們如何在幼兒的探究
中找到發展早期學業技能的機會。凱薩琳和阿比蓋爾的班級進行
了關於機場和飛機的探究，她們提到：「我們製作了機票號碼和
航班時間。這真是一個學習一些數學的好時機。」保羅分享了在
昆蟲探究中出現的對昆蟲進行分類的機會，說道：「他們剛開始
會把牠們混在一起。『好吧，你可以把牠們混在一起，但可以把
牠們分組，然後告訴我哪些屬於同一類嗎？』」

讀寫和數學

當被明確問及如何支持幼兒學習學業技能時，大多數耀中教
師強調，學習是通過幼兒的興趣來進行的，他們利用觀察和反思
來支援幼兒在《早期教育基礎階段法定框架》中所劃分的七個領
域的發展。教師的回答主要集中在數學和讀寫方面，同時提到了
為支援幼兒在這兩個領域學習而提供的具體活動和調查探究。這
並不奇怪，因為溝通和語言、社會和情感發展、藝術的表達和對
世界的理解等學習領域，都可以通過耀中教學法的其他元素來實
現。雖然教師在討論學業技能時沒有提及身體的發展，但也可以
通過學校戶外場地所提供的大量大肌肉活動來達成。此外，讀寫
和數學往往是家長關注的領域。教師強調，這些發展領域仍然可
以通過生成課程和有趣的學習經歷來實現。

讀寫

教師提到眾多真實的讀寫參與策略，並且在我們 2016 年的觀察期間，許多策略在班級中都可以看到。像很多其他幼兒園的教師一樣，耀中的教師會為幼兒讀很多故事，經常使用對話式的閱讀策略。南森老師在 2016 年的訪談中描述了這個讀寫方法：

> 我們在教室環境中有明顯可見的讀寫內容，所以，當我們把很多記錄展示在牆面上時，非常有視覺效果。然後我們有同時用英文和中文書寫的內容，所以跨語言，我們的環境可以讓孩子接觸到不同的語言。我們在讀圖畫書的地方有很多閱讀活動，孩子可以把圖畫書帶回家，小的細節，我們更注重基礎，很多小肌肉活動，這是構成最好的多樣性的一部分，然後我們還有一些小的細節，幼兒會在進入教室時寫下他們的名字。我們都把它聯繫起來，在我們的班級裏，我們需要頭腦風暴討論如何整理，他們會簽上自己的名字，並把它關聯到他們要整理的地方。他們可以自由選擇，對於我們來說，我們從不強迫孩子去做任何事，對他們來說，這總是他們喜歡做的事情。有孩子會說：「我很好奇這寫着甚麼？」他們知道書寫和閱讀之間有着某種聯繫。當他們走過來問我們「這個怎麼拼寫？」時，這種需求來自他們內在的需要。

其他教師也提到了類似的讀寫實踐。茱莉亞談到，在她的教室中：

我們的環境中總是有印刷文字。我們的教室裏有大量的書；我們到處都有書。我們的建築區裏有書，我們有書，比如，我們班上有時會有一輛手推車，所以如果有比如太空這樣特別的興趣，我們就會把它做成一輛關於太空的手推車，這樣我們就可以四處移動，裝滿和太空相關的書。

或者在露比的教室裏：

在讀寫區，我們有英文字母和中文數位或中文符號、漢字。然後，如果我們發現他們有興趣，我們會專注於那個區域，為他們寫一些東西，看看他們是否有興趣，如果有他們就會臨摹。

教師會在幼兒的興趣範圍內尋找鼓勵他們書寫的機會。例如，第三章中提到的寫信邀請家長前來學校幫忙烘培的事。還有，當幼兒在探究香港地鐵時，他們製作了八達通卡，用來進入在建構區用積木建造的地鐵站。幼兒知道不同的乘客（例如，成人和兒童）會有不同顏色的八達通卡，所以他們在製作時非常仔細以確保無誤。在 2016 年的觀察和 2018 年的教學記錄中，我們發現有幾個班級的幼兒經常進行戲劇表演，這通常發生在與班級成員或家人一起看過戲劇演出之後。幼兒經常寫信給父母，告訴他們自己在學校的一日生活，或告訴他們自己在學校想念他們。他們還會寫信給缺勤的幼兒或教師，或者教學樓裏的其他成人，比如保安員。

在幼兒感興趣時，他們通常會通過與教師一起口述故事來寫

自己的書。幾位教師在 2018 年的訪談中提到了這一點。在 2016
年觀察期間，這也是 4 歲藍紫色班持續的興趣之一，當時，幼兒
與南森老師、路易莎老師一起用中英文寫書。然後，教師會與
他們一起讀這些故事，就像下面的例子一樣，南森老師用英語
讀書：

南森老師：這是安娜麗絲創作的故事，《它一定是一
道亮光》。很久以前，有一座房子，當時是晚上。有一道
亮光。在房子裏，有人和一隻小貓。他們的名字是朱爾斯
和伊莎貝爾，大人的名字是傑姬和爸爸。

凱莉：傑姬是我的媽媽。

南森老師：他們走進了一個山洞。起初，他們認為這
裏很安全。在山洞裏，有些友善的幽靈。

凱莉：友善的。

南森老師：到了晚上，他們仍然醒着，想要找出那道
亮光是甚麼。第二天早上，出現了兩道亮光，他們說太亮
了。第二天，有那麼多的亮光，那麼亮，他們甚麼都看不
到了。他們看起來很悲傷。到了晚上，那些亮光還在。到
了早上，只剩下一道亮光了。從此他們過着幸福的生活。

幼兒喜歡重溫和討論故事，他們有時候會在圖書區裏給自
己和朋友讀書。他們還會從教室裏借閱中英文圖書。在一些班級
中，教師會認為這是讓幼兒定期參與讀寫活動的機會，不僅因為
他們需要把書帶回家，還因為他們必須寫借書記錄。奧莉維亞表
示：「即使是借閱圖書也可以被看作是相當具有學業性質的，因

為他們在讀和寫，他們在寫，而且他們常常會要求你在他們借書之前把故事先讀給他們聽。」另外，我們曾引用過一位幼兒借書的例子，埃爾西將其作為一個機會，讓一位不願說粵語的幼兒和她聊一聊她用來幫助幼兒借書的彩筆。這個例子表明，埃爾西能夠巧妙地讓幼兒使用另一種語言來參與活動，但這只是她利用借書活動這個機會來教授學業技能的一個例子。下面這個案例全部以粵語進行：

> **埃爾西老師**：*這是香蕉的寫法。*
>
> **埃馬紐埃爾**：*老師，你是怎麼做到這個的？*
>
> **埃爾西**：*哪一個？這是這本書的名字。就像你之前做的一樣。記得嗎？這本書的名字叫《火車隆隆隆》（huo-che³ long long long）。*
>
> **埃馬紐埃爾**：*Huo-che。*
>
> **埃爾西老師**：*對。現在你來臨摹一下。你能想到甚麼水果？*
>
> **大衛**：*蘋果。*
>
> **埃爾西老師**：*好，蘋果。我來教你怎麼寫它（蘋果）。你能在紙上寫「水果」嗎？這個字是甚麼？*
>
> **埃馬紐埃爾**：*Huo-che。*
>
> **埃爾西老師**：*做得好。告訴你媽媽關於 huo-che 的事。好吧，你現在可以走了。你想要這張紙嗎？*
>
> **埃馬紐埃爾**：*要。*
>
> **埃爾西老師**：*好的，我幫你把這個字寫下來。*

正如埃爾西老師所提倡的那樣，許多中外籍教師都認為中文書寫需要特別的意向性。像埃爾西老師那樣，華籍教師注意並抓住機會，通過生成式和真實的活動來促進中文的書寫。在阿比蓋爾的訪談中，她提到建立在知道日期這樣簡單的興趣基礎上的書寫：「每天，對於那些想要知道日期的孩子，我會用中文寫下來。他們進來教室後會拿他們的名字卡片，然後會寫下來，只是臨摹『今天是星期幾？』」

在教學搭檔訪談中，克里和瑪莎就兩種語言的書寫啟蒙進行了討論。克里提到：「我認為，對於華籍教師來說，讓孩子能夠寫出自己的中文名字，感覺上，會予更大的壓力。」不過，瑪莎則強調將兩種語言的書寫與興趣聯繫起來的重要性：

> 知識必須始終來自於他們的興趣。這不像本地的學校，一年之內可能必須學習 16 個中文詞彙。這裏不是這樣的。他們根據自己的興趣來學習那些詞。例如，在我們談論釣魚之前……然後我們很自然地轉向談論更多關於污染的問題。然後，他們建議製作一張海報或分享保護海洋的必要性，然後他們製作海報，然後他們開始就有動力書寫中文和英文。

數學

教師發現，幼兒的遊戲中會自然出現讓他們了解數學概念的機會。在數學方面擁有豐富教學內容知識（pedagogical content knowledge）的教師，可以在幼兒對前數學技能（pre-mathematical skills）的各種興趣之間建立刻意的聯繫，從而將

幼兒的世界「數學化」（Erikson Institute, 2014）。耀中的教師會將數學與幼兒持續的興趣聯繫起來，同時將數學概念融入到日常生活中。例如，當 4 歲藍紫色班的幼兒對釣魚感興趣，並在教室中建了一個魚塘時，他們測量了捕到的魚的大小。在第六章描述的關於星巴克的探究中，幼兒討論了不同商品的價格。另外，有一天，當 4 歲黃色班的幼兒收集掉落在遊樂場上的堅果時，教師鼓勵他們數堅果的數量，並討論誰撿到的堅果最多。在 2016 年對 4 歲黃色班的為期兩周的觀察中，一些幼兒對於用珠子在釘板上拼製圖案非常感興趣。我們還觀察到教師和阿姨與幼兒一起討論圖案的製作。教師還提到幼兒玩了一些遊戲、數空格裏或骰子上的數字。

在班級中，我們可以觀察到教師刻意讓幼兒看見數學概念的應用。例如，路易莎老師給 4 歲藍紫色班的幼兒一些時間，讓他們整理教室：

路易莎老師：我們需要整理玩具。我要開始計時了：10、9、8、7、6、5、4、3、2、1。

凱莉：不！

路易莎老師：今天我們應該安排多少時間來整理玩具呢？

塞拉：1 分鐘。

路易士：100 分鐘。

路易莎老師：我們不能安排 100 分鐘。如果我們用 100 分鐘的時間來整理，我們就會錯過午餐時間。我給你們幾個選擇。選擇一：11 分鐘。選擇二：12 分鐘。選擇

三：13 分鐘。我們有三種選擇。第一，11 分鐘。第二，
12 分鐘。第三，13 分鐘。

在訪談中，教師提到要仔細關注幼兒遇到數學的頻率，並
且通過經常增加特定的班級體驗來有針對性地提升幼兒的數學技
能。正如尼克所解釋的那樣：

> 或者我們可能會注意到某個學習領域，數學或其他沒
> 有真正被涵蓋到的領域。或者孩子似乎對數數或諸如此類
> 的東西不太了解。因此，它讓我們要考慮我們的準備和我
> 們的環境，我們可能會創設一個與數學有關的激發學習的
> 機會或場景－背景。

在凱薩琳和阿比蓋爾的班級裏，創建一個與數學有關的「場
景－背景」是一個經常性的做法：

> 我們會為孩子設置有關數學的場景－背景，多數是有
> 趣的場景－背景，所以我們也許會設置，如果我們看到，
> 因為在探索區發現了一個捲尺而對測量東西感興趣，那
> 麼我們就會設置一個場景－背景，其中提供額外的測量工
> 具，可能還包括一些記錄工具。

幼兒開始參與數學思考，雖然有些幼兒比其他幼兒更感興
趣。在 2016 年的觀察期間，4 歲藍紫色班的幼兒對數學特別感
興趣，南森老師訪談中談到這一點：

就像今年，我們有一些孩子真的很喜歡數學⋯⋯當一個孩子對此感興趣時，這興趣是如此強大，因為它真正在推動着他。然後你投放了所有的資源，孩子就會跟它跑，這太有趣了。所以，我們讓孩子對加法和減法產生興趣，有些孩子就會說：「哦，那些內容很無聊。我想知道除法。」

在班級觀察中，可以明顯看到這種興趣。例如，在第三章中提到的幼兒測量自己的身高的例子，以及下面這個例子：

路易莎老師：〔對全班幼兒說〕*我們還有 5 分鐘的午餐時間。*

簡：*10 減 10 等於多少？*

明霞：*10 減 10 等於⋯⋯*

簡：*10 減 10 等於 0。*

明霞：*甚麼？好吧。*

簡：*你好笨。你不知道嗎？我會減法。*

艾瑪：*我也知道怎麼算。*

簡：*你知道嗎？1 減 1 也是 0。*

明霞：*2？*

簡：*不是加法，是減法。是 0。1 減 1 是 0。*

明霞：*3 減 3 等於多少？*

簡：*3 減 3 也是 0。*

安東尼：*4、5、6、7、8、9、10。*

小結

　　對幼兒解決問題和掌握硬技能（例如，前讀寫和前數學）的支持被融入到信條一到十中。教師尊重幼兒、信任幼兒和支持建立關係的立場，為幼兒提供了條件，使得他們能夠深思熟慮地考慮如何解決問題。幼兒通過生成課程和帶領式指導（leading instruction）學到的探究技能包含學業技能。幼兒使用多種語言來參與早期學業技能的學習，就像上面的案例中提到的，當明霞參與數位和減法的討論時，她能夠很輕易地從粵語轉換到英語。信條十一和十二可以融入到之前的信條中，但同時，對這最後兩項信條的明確和刻意的指導和支援，需要在其他十項信條的基礎上進行。在耀中的班級環境中，幼兒是第一位的，他們在這裏受到尊重和信任，他們與一羣跟他們關係密切的同伴和教師在一起。這樣的環境允許和鼓勵他們保持好奇心，並在自我學習中自主導向。此外，這樣的環境還支援他們使用多種語言進行學習和社交活動。正是由於這些基礎條件得到了滿足，教師才能夠在信條一到十的基礎之上努力，為課程中的問題解決提供刻意和明確的支持，同時也為培養幼兒的學業技能提供明確和刻意的機會。

註釋

1　4歲班的幼兒每周有一次入門級的小提琴課。

2　斜體表示説話者正在使用粵語。

3　*Huo-che* 在普通話中意為「火車」。

第四部分

耀中陳保琼幼教理論與實踐，今昔與未來

第九章

在耀中的一天

　　在看耀中陳保琼幼教理論與實踐在幼兒教育領域的作用時，人們很容易會着眼於那些重大時刻和有趣的探究，以證明這種教育方法對幼兒和教師的影響。當然，這些關於耀中教學法的時刻和經歷的案例都非常有用，因為它們清晰地展示了該方法的優勢。同時，耀中教學法在實踐中也確實產生了許多美妙的事情，其中有一些已經記錄在本書中。這些時刻都是日常工作的結果，在這個過程中，教師以幼兒是值得我們尊重並有能力的觀點為出發點，為關係的建立奠定基礎，提供多種語言的空間，並支援幼兒的探究。但是，如果對一個教育方法的討論，僅僅圍繞那些令人驚歎的時刻和不尋常的探究來展開，我們發現這種方法會失去其日常性，或者更糟糕的是，會被誤解。

　　在本章，我們展示了香港耀中一個 4 歲班的一天，旨在說明採用了十二項信條的幼兒園的日常生活是怎樣的。本章的討論主要基於 2016 年的班級觀察，以及 2022 年對合作校長和合作副校長團隊的訪談。

一天的開始

　　教師通常會在幼兒到來之前創設好環境，要麼在前一天晚上，要麼在當天早上，教師有時最早 7 點就到校了。正如外籍合作副校長艾米－莉（Amy-Leigh）解釋的那樣：

　　　　老師會比孩子早一點來到學校，確保環境以一種歡迎、溫暖和有趣的方式創設好，並讓孩子一來就真正能夠激發他們的好奇心。

　　教師利用創設班級環境這個機會，為幼兒一天的開始提供激發學習的機會和場景－背景，使他們參與到班級活動中來，無論是延續某個正在進行的探索，還是教師為激發新興趣而設置的內容，或是針對互不相連的學業技能而展開的活動。正如外籍合作校長克萊頓對教師這項工作的解釋：「他們喜歡能夠為孩子創設環境。」儘管這確實需要花費一些時間來「尋找資源、改變教室環境，以及真正變得有意圖性」。

　　在設置環境時，教師會採用場景－背景和激發學習的機會這兩種策略，這都需要將材料擺放出來，以邀請幼兒進行探究，並建議探究的方向，例如，教師會將積木擺成道路和隧道的樣子，並在旁邊放上幾輛汽車；或者在一天開始時，教師為幼兒提供繪畫材料，這可能包括鉛筆、尺子和設計圖，以便幼兒可以通過繪畫繼續探索建築。這種設置材料的方式，不僅能為幼兒進入班級後提供引導，還能刻意支持幼兒正在進行的或新的探究。

　　幼兒通常會在上午 7 點 45 分至 8 點 15 分之間來到學校，有

一些幼兒可能會乘坐校車來上學。南森老師說：

> 許多學校把校車服務外包，我們做得很好的一件事是有一個校車系統，我們有自己的校車司機和校車阿姨或助手，在每輛校車上幫助我們。

校車阿姨都接受過培訓，她們了解耀中教學法所強調的關係。因此，從上學途中開始，乘坐校車的那些幼兒，每天早上都會感受到耀中教學法帶來的影響。然後，幼兒會被送到香港耀中的某個「校區」或某棟建築。

無論是乘坐校車還是由家長陪同來校，幼兒都會在校門口受到學校教職工的熱情問候，通常包括學校或校區的領導團隊成員的問候。在進入教室進行遊戲之前，幼兒要換上室內鞋，整理好個人物品，必要時會得到支援，而教師則會在教室裏歡迎他們。

在許多班級中，幼兒可以通過找到寫有自己名字的物品並移動它來確認自己的到來。例如，有一個班級的教師會事先在瓶蓋上寫上幼兒的名字，當幼兒到達時，他們會將瓶蓋放到水中觀察它的沉浮。幼兒到校後，教師會與家長交談，有時會跟進學校發給家長的通知或了解幼兒新的需求；教師還會查看家園溝通手冊或電子通訊平臺（例如 SeeSaw）上家長留下的信息。

最重要的是，教師會在教室裏四處走動，與幼兒交談，了解當天發生的各種新聞，並在幼兒參與班級活動時為他們提供支援。幼兒在班級中享有自主權，可以選擇他們感興趣的活動和遊戲機會，並在需要時結合教師的提議進行調整。所有這一切營造了一個溫馨友好的環境，讓教室成為教師和幼兒在一天中共同生

活和活動的地方。

　　將近 9 點時，大部分孩子已經在教室裏了。埃爾西老師和奧莉維亞老師之前已經在後面的桌子上準備了繪畫材料。桌子上擺放着香港地鐵的路線圖和塑封的八達通圖片（圖 9.1），以支援孩子對香港地鐵的持續探究。梯子形建構玩具也被放在建構區，以支援這方面的興趣。五個孩子正在畫畫。約翰和馬克斯正在製作八達通，並用桌子上的圖片作為參考。莉亞、惠子和勞倫正在畫花，並一起討論要用甚麼顏色。奧莉維亞老師在觀察孩子並提

圖 9.1　八達通

出一些建議。她觀察到約翰正在摺疊兩張紙，並把它們黏在一起。她通過從架子上取下一卷膠帶遞給他來作回應。

珍和她的媽媽進入教室，珍已經把書包掛在走廊，並換上了室內鞋，然後小跑走進教室簽到，埃爾西老師向他們問好，並從珍的媽媽那裏收到一份簽名通知，珍加入其他孩子在繪畫桌的遊戲。

上午

從幼兒到校一直到大約 11 點 30 分，幼兒不是在教室裏遊戲，就是在學校的花園裏遊戲。與很多學校每天早上固定安排早會不同，耀中的幼兒和教師不一定會有固定的晨會時間，但當需要的時候，他們也會進行集會。在過去十年中，學校（教師和管理者）一直在討論晨會的目的。克萊頓校長反映：

> 我們已經開始就我們聚集在一起的時間展開一些對話，如何使它適合幼兒的年齡特點？我們如何讓這個時段成為讓大家有羣體意識和歸屬感的時候？我們的老師，我們一直在分享想法和策略，以讓思維顯得明白。

在集會的時間裏通常不會包括日期的介紹或天氣的討論，除非這些是幼兒感興趣的主題。相反，教師和幼兒可能會聚在一起聽故事、討論某個排程的變化、檢查其他活動的進展，或者討論某個關注的問題。

一位主任來到班上提醒今天是高溫天氣，她和兩位老師商定

了一個縮短戶外活動時間的替代方案。她離開後，埃爾西老師和奧莉維亞老師互相商議，埃爾西老師用大號字體在一張紙上寫下替代的時間表，然後把它固定在教室中央的一個畫架上，她坐在旁邊，召喚孩子集合，幼兒立即過來，大多數孩子坐在畫架前的地板上，有幾個孩子坐在椅子上，緊挨着奧莉維亞老師，還有三個孩子站在後面看着。

> **埃爾西老師**：*我們想就今天的戶外遊戲時間很快地談一談，奧莉維亞老師和我都很擔心天氣太熱，如果我們上午在外面呆很長時間，我們的身體會發生甚麼？你認為可能會發生甚麼？*
>
> **霍莉**：*可能會發燒。*
>
> **埃爾西老師**：*所以，我們今天有一個不一樣的時間表，不是整個上午都在外面玩，而是從 9 點開始——現在幾點？讓我們看看鐘。你看到那個短針指向「9」了嗎？是的，從 10 點到 10 點半，然後我們可以一起去外面。*
>
> **奧莉維亞老師**：*你可以選擇去前院或後院玩。*

就像整本書所描述的那樣，上午的大部分活動都是使用多種語言進行調查和探究，而不是長時間的小組或集體活動。幼兒可以在這個時間段內靈活享用餐點，還會被邀請去「活動一下他們的身體，無論是體育館、室內遊樂場還是戶外遊樂場」。正如艾米－莉所解釋的那樣：「我認為，我們真正努力創造的是為孩子提供更多時間，讓他們能夠深度參與遊戲。」艾米－莉副校長指

出，在 4 歲班，幼兒有時也會離開教室去參加小提琴或其他音樂和運動課程，但是，「我們的意圖始終是為孩子提供最長的時間來進行遊戲。」

約翰、約書亞和山正在建構區遊戲，他們在梯子形建構玩具上加蓋了單元積木，他們把梯子形建構玩具連接在一起拼成一列火車，並使用積木來建造隧道（圖 9.2）。

圖 9.2　建火車隧道

約書亞：你需要從這裏開始。

約翰：不，那個應該在上面。

約書亞：這是入口。他們從這裏進來。

〔山在隧道的頂部滑動小車，而約翰和約書亞則拿出更多的積木。〕

約書亞：*我還不能離開。這個太重了。*〔舉起兩個長積木〕*這個是……*

約翰：*它一點也不重。*

〔約書亞笑了〕

在他們身後，惠子和勞倫一起坐在桌子旁。兩人都在享用上午的餐點，同時惠子還在畫畫。桌子上面覆蓋着一張塑膠膜，下面放着一些孩子父母婚禮的照片 —— 這是幾個月前幼兒對正裝進行探究的產物。孩子仍然喜歡看和討論這些照片。惠子就正在畫她的父母，而兩個女孩則在吃東西。

勞倫：我認識你的媽媽，但我不認識你的爸爸。

惠子：我把他放在這裏。這是爸爸。

勞倫：他好矮啊。你能畫得再長些嗎？

惠子：我已經畫完了。

勞倫：我爸爸……

惠子：你爸爸有沒有……〔她指着臉，表示鬍鬚〕

勞倫：有。

在他們身後的地毯上，卡洛琳和埃絲特正在玩紙花和塑膠蟲子。她們把這個遊戲變成了一個戲劇性的劇本，每隻蟲子都會一起飛行，降落在地毯上，並開始聊天：

卡洛琳：你說你要來找我。

埃絲特：是的，我要找你。我想和你一起去喝茶。

卡洛琳：好吧。

埃絲特：這兩隻一起飛，這兩隻一起走。

卡洛琳：好的，現在我要回家了。

埃絲特：好的，再見朋友。

卡洛琳：再見。我得回家了，不然我媽媽會對我吼叫。

埃絲特：我媽媽告訴我必須要寫作業。

卡洛琳：我媽媽說我可以繼續玩。

埃絲特：我媽媽說我可以再玩幾分鐘。但然後我必須得回家了。我們明天再玩吧！如果你想找我，就來這裏，我會飛過來。

卡洛琳：嘿，蝴蝶！你住在這裏面嗎？

埃絲特：是的。再見！

在陽臺外，健和米婭用輪胎和各種可回收材料進行搭建。他們正在討論一個之前用來裝玩具車的盒子。

米婭：*你怎麼把車拿出來？*

健：*從這裏撕開，然後打開這個東西。*〔他把手伸進去做示範〕

米婭：*但你沒有告訴我你喜歡小的還是大的。*〔指着那些散落的盒子〕

健：*我需要整個。你能幫我剪一些東西嗎？*

米婭：*我要剪這個*〔指着玩具車的盒子〕*，因為我已經用過這個了。*

健：你可以拿這些〔遞給她另一個盒子〕，因為我家裏已經有這些玩具了。

在此期間，教師觀察和支持幼兒的遊戲，南森老師解釋說：

他們正在觀察和反思，並真正為幼兒提供空間和時間來豐富他們的想法；他們還會有意識地做筆記，這樣當合作團隊聚集在一起時，可以就此進行反思。

在積木區，約翰，山和約書亞的搭建開始受到電影《星球大戰》（*Star Wars*）的影響。約翰決定做一個標籤來向其他人展示他們正在做甚麼，他向奧莉維亞老師尋求幫助。

約翰：奧莉維亞老師，你能寫給我看看嗎？

兩人與惠子和勞倫一起坐在桌子旁。

奧莉維亞老師：你想試試嗎？我可以幫你拼讀。
約翰：好。
奧莉維亞老師：好，Star Wars（星球大戰）。Ssss, tah, sssss, tah, tah. Sta, staaaarrrr.

約翰看起來不確定。奧莉維亞老師拿起一支馬克筆給他看字母 R，然後繼續慢慢讀出約翰寫的單詞。

約翰：奧莉維亞老師，我可以把它剪下來嗎？

奧莉維亞老師：當然可以，這是你的。〔注意到約翰用左手剪〕我想我們需要給你拿另外一把剪刀。

約翰回到積木區。奧莉維亞老師則在書架旁駐足，記下一些關於積木區正在進行的活動以及約翰需要用左手剪刀的筆記。

在上午的探索時間裏，教師可能會邀請其他成人來到班上，就幼兒正在進行的探究，或者成人感興趣的事情進行一些分享。就像第三章中提到的，麗莉克的父親曾經來到班上與幼兒一起烘焙，雖然這不是幼兒當時特別關注的探究領域，但卻是他想與他女兒的班級分享的事情，而且幼兒也非常喜歡。

耀中小學部有一些專科教師，他們有時會與幼兒園的幼兒一起參加一些特別活動。就像第六章中提到的，科學老師來到班上為幼兒介紹國際空間站，這些來訪者的到來可能是由某個正在進行的探究領域引發的，也可能是教師想與幼兒分享的某個有趣的活動。

小學的科學老師來到教室，向孩子展示如何用簡單的食材在塑膠袋中製作雪糕。班上有一半的孩子圍在桌子旁邊，另一半則去了戶外玩。老師有幾分鐘的時間組織孩子，讓每個人都能參與。科學老師和埃爾西老師幫助孩子在塑膠袋上寫下自己的名字，然後指導他們一步步完成製作過程。

科學老師：我需要倒一些牛奶，不要濺出來！我們需要把牛奶倒進去，現在我們加一點糖。

埃絲特：〔對約書亞說〕我們一起來做吧。

約書亞：請拿着袋子。

孩子一起合作，將適量的牛奶和糖加到袋子裏。

　　科學老師：現在，你們喜歡香草味嗎？我在你們的袋子裏加了一點香草。

　　伊莎貝拉：它幾乎是黃色的。

　　科學老師：現在把你們的袋子封好。〔檢查密封情況〕讓我們輕輕搖一搖。

戶外遊戲

　　戶外遊戲一般都是提前安排好的，這是因為在香港，空間資源有限，這就意味着，雖然許多學校都有戶外遊戲的場地，但通常比較小。正如華籍合作副校長泰倫斯（Terence）所解釋的那樣：「在香港，我們〔的空間〕太小了，這就是為甚麼我們需要為我們的班級安排戶外時間。」泰倫斯還指出，認真安排時間，可以讓在戶外的幼兒通過玩攀爬設備或練習平衡，充分利用有限的空間進行運動。然而，如果幼兒需要更多時間進行探究或遊戲，那麼班級間就需要在戶外遊戲時段協調配合。不同班級可以合併以延長戶外時間，或一個班級的一小組幼兒可以與其他班級一起。泰倫斯還談到戶外材料的使用：「他們會自己設置一些東西。他們也許會創建結構來進行小組遊戲。」

　　這是 5 月悶熱的一天。孩子在去戶外之前都戴上了遮陽帽。一來到前花園，孩子就找出從家裏帶來的防曬霜，並塗在露出來的皮膚上。惠子、霍莉和莉亞在攀爬架的吊

架上玩了一會兒，然後到遮蔭處的一張桌子上畫畫。喬治和健騎着三輪車，假裝在開警車。在雪糕科學實驗的基礎上，老師把盛滿冰的托盤拿到戶外。麗莉克、埃馬紐埃爾、格蕾絲、拉里薩和約翰聚集在一張小桌子周圍，幫助奧莉維亞老師把冰從托盤裏取出來，他們把冰拿到戶外玩水台那裏玩，他們還在水桶裏裝滿冰和水，打算在遊樂場的其他地方用。

拉里薩：拿一些大的。

約翰：也給我們一些！

格蕾絲：我找到了一個大的。

埃馬紐埃爾：我們有一塊巨大的冰。

約翰：把它放在這裏。

在外面玩了將近半個小時後，孩子開始感到熱和累了。埃爾西老師把雪糕機拿到了外面，她拿着一本書坐在陰涼處。幾個孩子圍在一起聽。

餐點和正餐

在上午的教室活動時間，幼兒可以在一定時段內自己去享用流動餐點，在這期間，幼兒會自行取食，就像克萊頓校長所描述的：「在餐點期間，幼兒能夠主動來，在適合他們的時間，基於他們當時所做的事。孩子在這個過程中是被信任的。」同樣，在午餐時間，幼兒也是自己拿取食物，午餐是充滿社交機會的，為

幼兒與同伴和教師之間的社會交往提供了時間。

　　當孩子在外面玩的時候，阿姨開始在教室為午餐和午睡作準備。當孩子回來時，大部分餐盤已經擺放在簽到區。孩子先去牀鋪那裏鋪好毯子，然後才拿自己的午餐。約書亞跑到積木區，確保他已經標記好自己的作品，以便在午睡後繼續進行。奧莉維亞老師、埃爾西老師和阿姨協助孩子拿到盤子，盛上食物，然後找到座位。孩子和老師在午餐期間會聊天。

　　埃馬紐埃爾：誰想去我家游泳？〔馬克斯舉手〕

　　埃馬紐埃爾：〔依次指着馬克斯、大衞和卡洛琳〕1、2、3、4、5、6、7、8、9、10。〔對着大衞說〕是你。恭喜。

　　約翰：〔從鄰桌靠過來〕1、2、3、4、5、6、7、8、9、10。你〔大衞〕可以去我家游泳。

　　卡洛琳：告訴你，我家沒有游泳池。

　　埃馬紐埃爾：你想和我一起去迪士尼樂園嗎？

午睡時間

　　午餐前，幼兒會確保整理好自己的牀鋪。午餐後，他們會先清理自己的餐具，然後再去躺下。幼兒通常會在午餐後休息，4歲班的幼兒會午睡一個小時，3歲班的幼兒會午睡一個半小時。這段時間裏，教師會去吃午餐，很多教師也會利用這個時間來整理教學記錄或者做一些文案工作。

下午和放學後

下午的情況與上午非常相似，幼兒有時間進行遊戲和探索。他們會有另外一個靈活餐點時段，也有機會到戶外遊戲，很多時候，幼兒可能會回到他們上午在做的事情上。教師和幼兒會一起想辦法保存幼兒正在做的事，讓它們從上午持續到下午，甚至數天。泰倫斯副校長說：「他們會在這段時間裏繼續他們的計畫，教師採用非常創造性的方法，幫助他們保留他們搭的積木或其他材料，這樣他們之後就可以繼續玩了。」

幼兒在幼兒園的一天，大概在下午 4 點結束，而校車會在 3 時 45 分左右出發。如果幼兒不乘坐校車，他們的家長會到教室裏接他們，如果家長有時間，他們可以留下來和幼兒一起看書或玩一會兒，然後再回家。

放學後，教師會花時間反思當天的活動。由於他們記錄了幼兒一天的活動，所以這時是合作教學團隊一起反思幼兒的學習和這一天發生的事情的好機會。管理者強調，不同的教學團隊有不同的方式進行共同反思，艾米－莉副校長說：「老師們會找到適合他們的合作方式，記錄他們的計畫，還有他們的準備工作，為第二天尋找和創造資源。」新引入的線上平臺為教師提供了新的記錄和反思方式，而他們也可以選擇使用現有的方法，例如一天中在白板上隨時做筆記，有些教師不會在早上早早來到學校，而是在下班前創設好教室環境。

周一是教師進行專業學習的日子，他們會留到下午 5 點。在這個時間，教師可以一起討論他們正在閱讀的書籍，還可以在各種學習共同體中學習。教學團隊也會在本周的另一天放學後專門

留下來，制定班級計畫。教師還可以利用放學後的時間，通過打電話、寫筆記或使用 SeeSaw 應用程式與家長進行聯繫。

在整個學年中，A 校園的六個教學團隊都在閱讀蘇珊・史黛絲（Susan Stacey）的書——《教學記錄》（*Pedagogical Documentation*）——老師在放學後的會議上討論這本書，並與他們的班級合作夥伴一起關注教學記錄在整個學年的使用。這一天，老師各自帶來一些他們的教學記錄，奧莉維亞老師和埃爾西老師則帶了上周的記錄，包括孩子在積木區搭建香港地鐵和繪製八達通。老師分成四個小組，每個班的合作教學團隊成員分別進入不同的小組，反思他們收集的教學記錄。每個老師都有機會分享和反思他們帶來的記錄。討論由教學部主任來主持，他們也會記錄不同班級的記錄文檔中所呈現的實踐主題。

小結

教師以相互尊重的方式互動，在整個日常學習中支持幼兒的成長。在日常工作中，教師會精心創設環境，促進幼兒一天的活動，記錄幼兒的探究和互動情況，在放學後進行反思，並為第二天準備教室環境。通過日常活動，包括與幼兒的持續互動和對實踐的反思，教師利用多種語言和密切的關係來促進幼兒深入探究。通過對日常的探討，我們可以清晰地看到十二項信條是如何創造出日常實踐，同時也可以看到日常實踐又是如何創造出這十二項信條。

第十章

創造未來社會

我們周圍的一切都在變化，所以我們不能停滯不前。為了跟上時代的步伐並應對內外的挑戰，我們必須在已有成就的基礎上不斷發展。教育，創造着更美好的未來，理應受到重視，我們將繼續向着已確立的教育方向邁進。我們所有的學生都將成為社會的一員，並承擔起為世界和人類做出貢獻的重任。

—— 陳保琼博士於耀中 85 周年慶典上發表的教育信念
2019 年 3 月 7 日

耀中幼教教學法是一種獨特的教育理念，它融合了東西方思想，並以一種反映香港社會政治歷史變遷的方式演化着。陳保琼博士、香港耀中的管理者和教師都深諳幼兒教育的多種理念和傳統，以及與兒童發展相關的研究，這在耀中的實踐中顯而易見。例如，耀中還保留着陳保琼博士早年接觸蒙特梭利時的影子，所以這裏的幼兒有責任心、獨立、與教師一起保持學習環境的整潔；另外，教師創造教學記錄的方法受到零點計畫（2001）的

影響，而該計畫則受到瑞吉歐教學法的影響。信條一和二所體現的兒童觀，與瑞吉歐教學法中的「兒童形象」（The Image of the Child）（Malaguzzi, 1994）十分相似。耀中的領導者、學校管理者和教師不斷與其他教育方法進行對話，包括上述這兩種和其他許多教育方法，並在適當的情況下汲取靈感，以便更好地服務幼兒。雖然耀中陳保琼幼教理論與實踐受到幼兒教育領域其他理念的影響，但其跨文化性質、強調多語言的重要性，以及刻意引導幼兒走上一條肩負全球管理責任的道路的特點，使它有別於其他教育方法。

　　本書所闡述的十二項信條，是討論和傳播耀中教學法的一種方法。雖然這些信條在 2018 年 1 月才首次呈現給耀中和耀華學校體系，但其歷史要追溯得更久遠。我們的角色是，為耀中教育工作提供表達方式和一個框架，以便人們在理解這個複雜的教育理念時，能夠有共同的語言。當然，我們也知道這些信條不一定是最終的版本。耀中已經穩步發展了逾 90 年，這得益於曾楚珩女士、陳保琼博士及她們的同事對兒童發展和教學方面的理解愈來愈深入；得益於兒童發展研究的不斷進步；得益於香港在世界上的地位不斷發展和變化；也得益於其他著名的教育方法為教學提供了新的思考方式；還得益於全球化改變了世界各地的人們相互交流的方式。因此，我們深切期望耀中教學法將持續發展。在我們看來，耀中教學法有一個特徵，那就是真誠地服務於幼兒，並讓同仁樂意學習並朝着更好的方向發展。

　　理解十二項信條的遞進關係，對於全面了解耀中教學法至關重要。其中，信條一提出兒童是值得我們尊重和欽佩的，信條二提出兒童是有能力和值得信任的，是所有後續信條的前提條件。

缺乏這兩項信條，便無法在班級中建立穩固密切的關係（包括信條三至五）。而合作教師必須共同努力，支持幼兒所做的大量工作，為此，他們必須尊重和信任幼兒。如果不尊重和信任幼兒，就無法建立起能夠支持共同學習的同伴或師幼關係，就會導致在生成課程和共同建構的學習方面失去一些機會，這反過來又會影響民主的學習環境的發展，民主的學習環境則能夠衍生出嚴謹的生成課程和真正的探究機會。如果不尊重和信任幼兒，幼兒也將失去發展語言和解決複雜問題的能力的機會；還會導致與學業技能相關的教學缺乏真實性和樂趣。因此，採用耀中教學法的教師必須首先深入、持續地反思信條一和信條二，未掌握這兩項信條的教師是不可能也不會參與到耀中教學法中來的。

雖然人們有時會一開始就認為信條一和二是簡單的、與生俱來的，但它們的簡單其實具有欺騙性，事實上，它們是最難真正體現的，因為這是嚴謹的正在進行的教學工作的一部分，需要不斷反思幼兒應該如何被尊重，以及那些他們通常不被尊重的方式，這包括教師對自己與幼兒的互動是否體現尊重進行個人反思。教師表示他們信任幼兒，但在實踐中卻沒有做到這一點，這種情況很容易出現並且非常普遍。同樣，這需要教師持續地反思自己是否信任幼兒，如果不是，為甚麼不信任。即使多年來一直秉持着這些信條的教師，有時也會發現，在某些日子或某些經歷中，將這些信條拋諸腦後反而會「更容易」。因此，我們希望敦促教師和學者牢記這一點，並在實踐中繼續反思這些信條，並將其作為自身品質進行反思。

人們也很容易把這些信條看作是一組可以逐一勾選的選項或一份要完成的任務清單 —— 也許一位教師掌握了信條一，然後

開始向金字塔上方移動，這種想法也同樣存在缺陷。雖然耀中教學法的某些要素為其他要素奠定了基礎，但是這些信條是交織在一起的，因此它們不能單獨分離出來並發揮作用。我們認識到，教師可能希望在專業發展方面，將精力集中在一兩個互不相連的信條上。然而，教師必須記住，即便如此，也不能將其他信條遺忘。再次強調，耀中教學法不是一份實踐清單；它是一種通過與幼兒相處而形成的幼兒教育理念。

進步主義、儒家思想和耀中陳保琼幼教理論與實踐

香港的進步主義

進步主義教育方法配合幼兒天生的探索傾向，以及他們所處的環境和背景運作，教育方法本身在不同地區會不斷演化，並融入當地文化和傳統特色。例如，來自義大利艾米莉亞羅馬涅地區的瑞吉歐教學法，傳承了該地區解放的傳統（liberatory traditions），隨着該方法在第二次世界大戰後的重建時期中發展起來，它顯然帶有反法西斯主義的特點，並強調羣體和合作的概念（Cagliari et al., 2016）。紐約的城市和鄉村學校（City and Country School）則採用一種積木建築（block building）的教育方法，這源於其創始人卡洛琳·普拉特（Caroline Pratt）在手工藝培訓方面的經歷。城市和鄉村學校的實踐體現了紐約市本身的特點，幼兒使用積木來創造這個城市的模型、冒險外出探索，並合作創建在學校內運營的商店（Pratt, 1948；City and Country School, 2022）。此外，還有許多其他例子，比如多倫多兒童

研究所（Institute of Child Study）的實驗學校（Laboratory School），它不斷從其作為兒童發展研究中心的根基中汲取靈感和資源（Christou & Tryphonopoulos, 2016）；還有阿肯色州的瑪麗埃塔・詹森有機教育學校（Marietta Johnson School of Organic Education），它既是費爾霍普（Fairhope）小鎮作為實驗烏托邦社區（Utopian community）的歷史產物，也是詹森（Marietta Johnson）本人的進步主義教育理念的產物（Newman, 2002）。

　　耀中幼教教學法也承載了上述理念，並將這種進步主義方法放置於香港的文化傳統之中。香港曾是英國在東亞的佔領地，現在是中華人民共和國的一個特別行政區。這些歷史的經歷影響了香港的文化。香港是一個多語言的國際化城市。耀中從一開始就是東西方教育理念的交匯之地，反映了香港更廣泛的文化特點。此外，耀中還傳承了 90 年來在曾楚珩女士、陳保琼博士和耀中教育工作者的共同努力下逐漸形成的進步主義教育理念。正如前文中陳博士所強調的，耀中意識到在未來的全球社會中，幼兒將是其中的一部分，這種立場與杜威的觀點相呼應。杜威在 1940 年的一次廣播中指出：「世界正在以驚人的速度前進，沒有人知道它將要前往何方。我們必須為孩子做好準備，不是為過去的世界做準備，也不是為我們的世界做準備，而是為他們的世界 —— 未來的世界做準備。」（Flanagan, 1994）。

　　對於進步主義教育工作者而言，我們在本書中對十二項信條的定義所呈現的內容，很多看起來都很熟悉。進步主義教育的核心在於，創造一個建立在相互尊重和強有力的師生關係基礎上的班級民主。幼兒通過班級共同體、開展研究，以及他們所從事的

活動，來學習如何成為社會的一分子。這些進步主義理念嵌入在十二項信條中，也因此成為了耀中教學法的一部分。耀中陳保琼幼教理論與實踐還將文化傳統作為一個核心要素，這是它在香港本土進行演化，以及其自身形成的對幼兒的認識（即認為，作為全球公民的幼兒，是進步主義教育在香港文化背景中自然且刻意的發展變化）的結果。就此，我們建議進步主義教育領域的學者和擁有其他背景的進步主義教育工作者，與耀中的教育工作者進行交流，或許能發現在這種多語言、多元文化的背景下實施進步主義教育的價值。

儒家思想與十二項信條的聯繫

儒家思想被融入到耀中的日常生活中，並在十二項信條中深深扎根。其中，「仁」處於核心位置。耀中的教師通過班級內外的日常活動，培育幼兒具備同情心、善良、熱心助人的品質。

當通過「和」或和諧這個原則來重新審視人際互動的三個維度時，第一個維度即「個體內部的和諧」或與自己的關係，扎根於信條一，這個信條承認幼兒天生的內在能力和意志力，通過承認幼兒是具有創造性、有多方面想法的自主生命體，教師採用進步主義教學方法和解決問題的技能來引導幼兒，啟發他們成為完整、仁慈和自我實現的人，從而為幼兒進一步發展和建立與他人的關係奠定基礎。這個觀點在信條二中得到了進一步的強化，教師認識到幼兒的能力，並為他們提供探究的空間，同時最小限度地干預，因為教師相信幼兒有能力這樣做。這個維度貫穿於金字塔上層的其他信條。和的原則滲透在信條一和信條二中，並使信

條八的實現成為可能，即視幼兒為自身學習的締造者，並鼓勵他們發起和帶領課堂活動。

接下來，十二項信條的遞進，將引導耀中的教師和幼兒進入第二個維度，即「個體之間的和諧」，也就是指人與人之間的人際關係。當合作教師之間的關係緊密而積極時，幼兒也會模仿並發展出與教師和同伴形成緊密關係的傾向。那些基於關係的信條位於金字塔的中間部分，包括信條三、四、五和七，激勵着所有參與成員在與他人建立和維持關係時認同並接受差異。此外，這些信條不能在不體現儒家思想所強調的品德（例如，尊重、包容和誠信）的情況下孤立存在。而與語言有關的信條，如信條九、十和十一，則嵌入和產生於人際關係之中。當教師使用幼兒的家庭語言與其互動並提供支援時，幼兒隨後也會通過口頭私語，並用其與同伴互動的方式，來發展自己多樣化的語言庫。

第三個維度是「人類〔社會〕與自然的和諧」，也是十二項信條的最終目標。它強調教師和幼兒通過生成課程所包含的意識、參與和貢獻，來實現推動社會發展和公共利益的目的。當教師和幼兒自然地通過遊戲、與他人及環境互動，來共同建構意義和探究現象時，他們就會成為以實現儒家大同世界為目標，並為世界和人類做出貢獻的積極分子。

為更美好的世界而奮鬥的幼兒

2022 年，在面向孩子可能入讀耀中的家長所做的報告中，時任合作校長克萊頓對十二項信條進行了介紹，他在結束時表示：

通過這一點，我們看到學生將會成為跨文化實踐者，為更美好的世界而行動。當我們將認清孩子是誰，並將我們在環境和教學中形成的關係作為基礎時，我們也在用語言構建我們對語言的意圖。我們最終關注的是，將孩子培養成為能為更美好的世界而行動的、有服務精神的領袖。我們知道在確保我們每個人都圍繞着這十二項信條成長和發展方面，目的明確是非常重要的。

耀中肩負着一項歷史使命，那就是致力於服務、認可具全球意識的必要性，並在過去 90 年中不斷發展，成為全球化世界的一部分。耀中的教師將幼兒聚集在民主的空間中，通過探究性的專案來分享想法和社交方向（Dewey, 1916），同時還為幼兒提供為了共同目標而提出問題、與他人建立關係的能力。此外，幼兒也開始對其與自己、他人和環境之間的關係負責並進行反思。

讓幼兒成為為了更美好的世界而行動的文化實踐者，是耀中教學法的目標，也是十二項信條綜合應用帶來的結果。通過這種方式，我們看到，耀中高度重視的全球公民教育不是十二項信條之一，而是超越十二項信條範疇的東西，同時這一結果將成為幼兒世界觀的一部分。耀中教學法通過教師對幼兒的積極信任和尊重，使年幼的學習者能夠參與和平解決問題。教師還支持關係的建立，並鼓勵幼兒的聲音在解決問題和決策過程中得到表達和採納。相信幼兒的能力至關重要，因為全球公民需要熟練地在不同的語言和文化之間切換，以尋找共同點。信任和尊重幼兒的做法可以鼓勵年幼的學習者充分發揮他們的發展潛力，並幫助他們成

長為全球公民（Goren & Yemin, 2017）。耀中教學法的十二項信條的全面整合，也延伸到對人權、全球責任和可持續發展的深刻理解（UNESCO, 2021）。

在耀中，這種全球公民身份的立場尤為獨特，因為曾楚珩女士的工作說明了，在通過幼兒教育來保存和尊重中華傳統的同時，與其他文化的整合是重要的。在香港這個 21 世紀的多語言國際化城市，這個基本使命於耀中得以延續至今。耀中教學法將西方哲學思想與中華傳統價值觀相融合，旨在激勵幼兒創造公正、公平和可持續的未來。

十八年前，陳保琼博士在德國杜塞爾多夫的一次會議上，重新定義了國際教育的概念，使其體現一種有關道德的全球觀（Chan Po-King, 2004）。在全球公民教育中，跨越不同文化之間的界限、提供視角轉換的機會是必要的，這樣幼兒才能夠進行批判性思考，並認識到他人在全球社會中的權利（An, 2014；Roman, 2003；Shultz, 2007）。在耀中幼兒園，幼兒能夠在班級裏遇到並跨越文化界限，這是刻意為之的，因為耀中刻意安排兩位來自不同文化背景、說不同語言、完全符合資格的教師同時在場，這種多語言和多文化的合作教學團隊，通過幼兒與多種文化和語言的日常互動，來達成學校的全球化使命。因此，耀中教學法既呼應了杜威式的民主理想，即呼籲不同羣體之間的多元視角的交流和整合（Dewey, 1916），同時體現了儒家思想中注重尊重和保持各個要素之間的平衡的原則，以達到和諧的關係（Chan et al., 2009）。

耀中陳保琼幼教理論與實踐支援幼兒熱愛並接納自己，以及他們的人民、社會和文化，通過這樣做，他們能夠學會尊重多

樣化的民族和文化。為了建設共同的人類社會，這些 21 世紀的學習者必須擁抱自己的語言和文化，同時也要精通其他語言，並發展出駕馭不同文化的社交技能。通過充滿尊重的互動，教師支持幼兒學習社交技能，幫助他們與不同文化背景的人建立合作關係，並找到共同點（Coke, 2000；Dewey, 1916），當幼兒在學習自我認知的過程中，被鼓勵擁有道德高尚、樂於助人的君子品質時，他們就會直面有關社會公正的觀點。通過全面整合十二項信條，幼兒尊重自己和耀中其他成員之間的差異，他們承認自己生活在一個多元社區之中，這一點非常重要，因為在香港這樣的全球化社會中，人們需要承認和重視主流羣體以外的存在、知識和行為方式（Paris, 2012, Urban, 2015）。

　　為了推動培養全球公民這一使命，耀中教育機構當前和未來所做的工作也包括在耀中幼教學院進行教師培訓。隨着耀中幼教學院教師準備課程的不斷發展和深化，在教師培訓中愈來愈多地借鑒了十二項信條，並為預備教師提供了在耀中幼兒園體驗耀中陳保琼幼教理論與實踐的機會。耀中幼教學院致力於讓預備教師通過踐行這些信條，來強調道德發展，並支持幼兒成為富有同情心、善良和仁慈的人，從而重視和尊重自我、他人和自然之間的相互依存關係。作為亞太地區唯一一個專門從事幼兒教育的高等教育機構，這一點非常重要，也與儒家傳統和進步主義教育的最佳實踐保持一致（Yang & Li, 2020；Dewey, 1916, 1938）。

　　耀中陳保琼幼教理論與實踐通過一種借鑒中華傳統價值觀，將過去與未來聯繫起來，鼓勵幼兒成為參與創造共用和相互依存的未來的社會成員。聯合國兒童基金會（UNICEF）（2021）也呼籲全世界的公民共同努力，在我們共同生活的星球上創造共用

和相互依存的未來。21 世紀的耀中以新的思維方式和新的幼兒教育方法回應了這一呼籲，教師與幼兒團結一致，共同合作。通過合作，耀中努力在年幼的學習者中創造一個內在的轉變，使他們成為終身學習者，並通過多種語言和多元視角與他人一起參與創造世界（Chan, 2004；UNICEF, 2021）。

關於耀中未來的反思

正如陳保琼博士在 85 周年慶典上發表的教育信念聲明中所指出的，耀中意識到周圍的一切都在變化，因此不能停滯不前。社會的變化會對學校產生影響，所以課程不能一直保持不變。耀中一直在不斷發展和壯大，同時在已有成就的基礎上不斷努力，旨在創造一個更美好的未來社會。自 2018 年我們採訪了香港耀中的教師以來，該校已經擴大了規模，增設了另一個提供幼兒教育的校區，並增加了更多的幼兒園教室。在內地，耀中和耀華學校也在不斷發展壯大，每個校區都在它們自己的耀中教學法之旅中不斷前進。此外，耀中幼教學院也於 2018 年搬入新校址，作為一個充滿創造和創新精神的高等教育中心，它致力於為香港幼兒教育的發展添磚加瓦。學校和學院正在進行的以及將進行的新舉措，將為耀中教學法帶來持續的發展、反思和評估。

當前，全世界都在應對迫在眉睫的全球性問題。我們之前沒有提到新冠疫情對耀中及耀華學校，尤其是對香港耀中的影響，因為本書旨在分享 90 年來耀中逐漸發展形成的教育理念，在因疫情停課期間，我們一直與學校合作，並且觀察了教師和幼兒在這段時間裏所做的工作。雖然，本書的目的並不是分享這些工

作，但是，令我們震驚的是，耀中幼教教學法作為一種具有整合性的理念所展現出來的力量。在學校停課和遠端學習期間，學校上下從來沒有討論過要「放棄」耀中教學法的任何元素的話題，合作教師、合作主任、合作副校長和合作校長一起努力，不斷去發現讓幼兒保持對學習的樂趣、參與積極的探究、繼續與同伴和教師建立關係的方法。正是由於耀中所展現出的對幼兒的深切尊重，這才得以在適應新情況而做了修改的耀中幼教教學法中實行，而不只是將它作為一種考慮。

隨着耀中邁向未來，它的領導者、管理者和教師將繼續為亞太地區的幼兒和幼兒教育發聲，並在全球範圍內發揮愈來愈重要的作用。耀中陳保琼幼教理論與實踐在香港以外的地區也得到愈來愈多的關注。此外，隨着全世界不斷應對日益加劇的全球化趨勢，我們愈來愈需要深思熟慮並有意識地培養幼兒成為全球公民和跨文化實踐者，以準備好和來自不同文化背景的人合作，願意並有能力跨越文化鴻溝進行思考和工作，探究問題並找到解決方案，同時在思想和行動中展現出對他人的深切尊重。

在當前的國際形勢下，我們看到許多國家湧現出潛在的民族主義領袖和仇外政策，這樣的政治運動源於人們對日益全球化的世界的恐懼。因此，作為幼兒教育工作者，我們在扮演童年保護者這一重要角色的過程中，有責任支持幼兒成長為願意為人類社會和共同利益而努力的全球公民，這種全球管理責任是耀中陳保琼幼教理論與實踐的目標。十二項信條還強調了多方面相互依存的重要性，強調代際之間、文化之間聯繫的重要性，強調我們與所有生命體之間的關係的重要性。耀中旨在通過全球視野，激發幼兒的無限可能和無限潛能，以擴展知識的邊界（Chan,

2019）。幼兒在學習創造一個共有的世界的同時，也在認識和理解他們來自哪裏，以知曉他們將要去向何處。在過去的 90 年中，耀中展現出願意通過進步主義和人文主義的幼兒教育方法，來搭建文化橋樑的意願與決心。我們期盼這項工作將不斷發展壯大。

參考文獻

An, S. (2014). Preparing elementary teachers as global citizenship educators. *The Journal of Education*, *194*(3), 25–38.

Andersen, K.N. (2017). Translanguaging pedagogy in multilingual early child-hood classes. A video ethnography in Luxembourg. *Translation and Translanguaging in Multilingual Contexts*, *3*(2), 167–183.

Arkoudis, S. (2006). Negotiating the rough ground between ESL and mainstream teachers. *The International Journal of Bilingual Education and Bilingualism*, *9*(4), 415–433.

Axelrod, Y. (2014). "Ganchulinas" and "ranbowli" colors: Young multilingual children play with language in a Head Start classroom. *Early Childhood Education Journal*, *45*, 103–110.

Barnett, W.S., Yarosz, D.J., Thomas, J., Jung, K., & Blanco, D. (2007). Two-way and monolingual English immersion in preschool education: An experimental comparison. *Early Childhood Research Quarterly*, *22* (3), 277–293.

Bell, D., Jean-Sigur, R.E., & Kim, Y.A. (2015). Going global in early childhood education. *Childhood Education*, *91*(2), 90–100.

Björk-Willén, P. (2007). Participation in multilingual preschool play: Shadowing and crossing as interactional resources. *Journal of Pragmatics*, *39*(12), 2133–2158.

Bourdieu, P. (1991). *Language and symbolic power*. Cambridge, MA: Harvard University Press.

Cagliari, P., Castagnetti, M., Giudici, C., Rinaldi, C., Vecchi, V., & Moss, P. (Eds.) (2016). *Loris Malaguzzi and the schools of Reggio Emilia.* London, UK: Routledge.

Carless, D.R. (2006). Good practices in team teaching in Japan, South Korea and Hong Kong. *System, 34,* 341–351.

Cekaite, A. (2013). Socializing emotionally and morally appropriate peer group conduct through classroom discourse. *Linguistics and Education, 24,* 511–522.

Cekaite, A., & Björk-Willén, P. (2013). Peer group interactions in multilingual educational settings: Co-constructing social order and norms for language use. *International Journal of Bilingualism, 17,* 174–188.

Chan, B., Choy, G., & Lee, A. (2009). Harmony as the basis for education for sustainable development: A case example of Yew Chung International Schools. *International Journal of Early Childhood, 41*(2), 35–48.

Chan, L.L.S. (2009) *The development of L2 emergent literacy in Hong Kong kindergarten children* [Unpublished doctoral dissertation]. University of Oxford, Oxford, U.K.

Chan Po-King, B. (2004). *Educating the 21st Century Child: A New Approach to International Education.* Keynote Speech to the Alliance for International Education, Dusseldorf, Germany. (Oct 2).The Alliance for International Education.

Charmaz, K. (2014). *Constructing grounded theory* (2nd ed.). Sage.

Chen, A. (2014). The concept of "*Datong*" in Chinese philosophy as an expression of the idea of the common good. In P.C. Lo, & D. Solomon (eds.), *The common good: Chinese and American perspectives* (pp.85–102). Springer.

Chen, J. J., Li, H., & Wang, J. Y. (2017). Implementing the project approach: A case study of hybrid pedagogy in a Hong Kong kindergarten. *Journal of Research in Childhood Education*, *31*(3), 324–341.

Chesterfield, R. A., Chesterfield, K. B., Hayes-Latimer, K., & Chavez, R. (1983). The influence of teachers and peers on second language acquisition in bilingual preschool programs. *TESOL Quarterly*, *17*, 401–419.

Chien, C, & Hui, A.N.N. (2010). Creativity in early childhood education: Teachers' perceptions in three Chinese societies. *Thinking Skills and Creativity*, *5*(2), 49–60.

Christian, D. (1996). Two-way immersion education: Students learning through two languages. *Modern Language Journal*, *80*(1), 66–76.

Christou, T.M., & Tryphonopoulos, P. (2016). The laboratory school at the Institute of Child Study as Progressive education in Ontario. In Sadovnik, A.R., Semel, S.F., & Coughlan, R.W. (Eds.), *"Schools of tomorrow," schools of today: Progressive education in the 21st Century*. Peter Lang.

City and Country School. (2022). *How a child learns to learn will impact their life forever*. https://www.cityandcountry.org/

Coke, P.A. (2000). A Deweyan perspective on communication, cooperation, and collaboration between elementary and secondary educators. *Education and Culture*, *24*(2), 17–21.

Copple, C., & Bredekamp, S. (2022). *Developmentally appropriate practice in early childhood programs: Serving children from birth through age 8*. The National Association for the Education of Young Children.

Cordoba, T.E. (2020). *Grass doesn't grow faster because you pull*

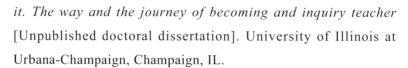

it. The way and the journey of becoming and inquiry teacher [Unpublished doctoral dissertation]. University of Illinois at Urbana-Champaign, Champaign, IL.

Cordoba, T.E., & Sanders-Smith, S.C. (2018). A closer look: Socio-structural influences on teacher-child interactions during project work. *Journal of Early Childhood Research, 16*(4), 407–420.

Creese, A. (2006). Supporting talk? Partnership teachers in classroom interac- tion. *International Journal of Bilingual Education & Bilingualism, 9*(4), 434–453.

Dávila, L.T. (2018). The pivotal and peripheral roles of bilingual classroom assistants at one Swedish elementary school. *International Journal of Bilingual Education and Bilingualism, 21*(8), 956–967.

Dávila, L.T., Kolano, L.Q., & Coffey, H. (2017). Negotiating co-teaching identities in multilingual high school classrooms. *National Association of Bilingual Education Journal of Research and Practice, 8*(1), 28–43.

Davis, J. (2008). What might education for sustainability look like in early child- hood? A case for participatory, whole-of-settings approaches. In *The Contribution of Early Childhood Education to a Sustainable Society* (pp. 18– 24). UNESCO Publications.

Davison, C.M. (2006). Collaboration between ESL and content teachers: How do we know when we are doing it right? *International Journal of Bilingual Education and Bilingualism, 9*(4), 454–475.

Dewey, J. (1899). *The school and society*. The University of Chicago Press.

Dewey, J. (1902). *The child and the curriculum*. The University of

Chicago Press.

Dewey, J. (1916). *Democracy and education*. The Free Press.

Dewey, J. (1933). *How we think*. Boston, MA: Health & Co.

Dewey, J. (1938). *Experience and education*. NY: Macmillan.

Donato, R. (1994). Collective scaffolding in second language learning. In J. P. Lantolf, & G. Appel (Eds.), *Vygotskian approaches to second language research* (pp. 33–56). Ablex Publishing Corporation.

Education Bureau, Government of the Hong Kong Special Administrative Region. (2017). *English Language Education*. Retrieved November 12, 2017: http://www.edb.gov.hk/en/curriculum-development/kla/eng-edu/index.html

Edwards, C., Gandini, L., & Forman, G. (2012). *The hundred languages of children: The Reggio Emilia experience in transformation* (3rd ed.). Praeger.

Eidoo, S., Ingram, L., MacDonald, A., Nabavi, M., Pashby, K., & Stille, S. (2011). "Through the kaleidoscope": Intersections between theoretical perspectives and classroom implications in critical global citizenship education. *Canadian Journal of Education*, *34*(1), 59–85.

Erikson Institute. (2014). *Big ideas of early mathematics: What teachers of young children need to know*. Pearson.

Flanagan, F. (1994). John Dewey. *The great educators' first series* [Radio Broadcast]. Retrieved from https://www.youtube.com/watch?v=opXKmwg8VQM

Flowerdew, J. (1999). Problems in writing for scholarly publication in English: The case of Hong Kong. *Journal of Second Language Writing*, *8*(3), 243–264.

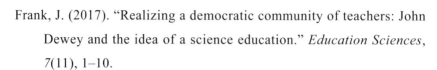

Frank, J. (2017). "Realizing a democratic community of teachers: John Dewey and the idea of a science education." *Education Sciences*, 7(11), 1–10.

Friend, M. (2008). Co-teaching: A simple solution that isn't simple after all. *Journal of Curriculum and Instruction*, 2(2), 9–19.

Friend, M., & Cook, L. (2017). *Interactions: Collaboration skills for school professionals* (8th ed.). New York, NY: Pearson.

Gandini, L. (1993). Fundamentals of the Reggio Emilia approach to early child- hood education. *Young Children*, 49(1), 4–8.

García, O. (2009). *Bilingual education in the 21st century: A global perspective*. Wiley/Blackwell.

García, O., & Kleyn, T. (Eds.). (2016). *Translanguaging with multilingual students: Learning from classroom moments*. Routledge.

García, O., Lin, A. M. Y., & May, S. (2017). *Bilingual and multilingual education*. Springer International Publishing.

García, O., & Wei, Li (2014). *Translanguaging: Language, bilingualism and education*. Palgrave-MacMillan.

Goren, H., & Yemini, M. (2017). Global Citizenship education redefined: A systemic review of empirical studies on global citizenship education. *International Journal of Educational Research. 82*, 170–183.

Gort, M. (2006). Strategic codeswitching, interliteracy, and other phenomena of emergent bilingual writing: Lessons from first-grade dual language classrooms. *Journal of Early Childhood Literacy*, 6(3), 323–354.

Gort, M., & Pontier, R.W. (2013). Exploring bilingual pedagogies in dual language preschool classrooms. *Language and Education*, 27(3), 223–245.

He, M.F. (2016). Exploring an East~West epistemological convergence of embodied democracy in education through cultural humanism in Confucius~Makiguchi~Dewey. *Journal of Curriculum Studies*, *48*(1), 36–57.

Helm, J.H., & Katz, L.G. (2016). *Young investigators: The project approach in the early years* (3rd ed.). Teachers College Press.

Honigsfeld, A., & Dove, M. G. (2010). *Collaboration and co-teaching: Strategies for English learners*. Corwin.

Honigsfeld, A., & Dove, M.G. (2016). Co-Teaching ELLs: Riding a tandem bike. *Educational Leadership*, 73(4), 56–60.

James, J.H. (2008). Teachers as protectors: Making sense of preservice teachers' resistance to interpretation in elementary history teaching. *Theory and Research in Social Education*, *36*(3), 172–205.

Jin, S., & Dan, J. (2004). The contemporary development of philosophy of education in Mainland China and Taiwan. *Comparative Education*, *40*(4), 571–581.

Jones, E., & Reynolds, G. (2011). *The play's the thing: Teachers' roles in children's play*. Teachers College Press.

Katz, L.G., & Chard, S.C. (2000). *Engaging children's minds: The project approach* (2nd ed.). Ablex Publishing Corporation.

Kohler-Evans, P.A. (2006). Co-teaching: How to make this marriage work in front of the kids. *Education*, *127*(2), 260–264.

Lee, K.S., & Leung, W. M. (2012). The status of Cantonese in the education policy of Hong Kong. *Multilingual Education*, *2*(2), 1–22.

Leung, C. (2014). Communication and participatory involvement in linguistically diverse classrooms. In May, S. (Ed.). *The multilingual turn: Implications for SLA, TESOL and Bilingual Education*. New York: Routledge.

Li, H., Rao, N., & Tse, S. K. (2012). Adapting Western pedagogies for Chinese literacy instruction: Case studies of Hong Kong, Shenzhen, and Singapore preschools. *Early Education & Development, 23*(4), 603–621.

Li, Z. Y., Yang, W., & Li, H. (2020). Teachers' pedagogical interactions as linked to personal beliefs and profiles: A mixed-methods study in Hong Kong kindergartens. *International Journal of Early Years Education, 28*(4), 366–381.

Liu, L. (2008). Co-teaching between native and non-native English teachers: An exploration of co-teaching models and strategies in the Chinese primary school context. *Reflections on English Language Teaching, 7*(2), 103–118.

Malaguzzi, L. (1994). Your image of the child: Where teaching begins. *Child Care Information Exchange, 96*. Retrieved from https://www.reggioalliance.org/ downloads/malaguzzi:ccie:1994.pdf

Marshall, H. (2005). Developing the global gaze in citizenship education: Exploring the perspectives of global education NGO workers in England. *International Journal of Citizenship and Teacher Education, 1*(2), 76–92.

Marshall, M. (1958). Progressive education with a capital "P". *Peabody Journal or Education, 36*(2), 67–72.

Mastropieri, M.A., & McDuffie, K.A. (2007). Co-teaching in inclusive classrooms: A metasynthesis of qualitative research. *Exceptional Children, 73*(4), 392–416.

Mateus, S.G. (2014). She was born speaking English and Spanish! Bilingual status in a kindergarten two-way dual language classroom.

Texas Papers in Foreign Language Education, 16(1), 57–71.

McCormick, L., Noonan, M.J., Ogata, V., & Heck, R. (2001). Co-teacher relationship and program quality: Implications for preparing teachers for inclusive preschool settings. *Education and Training in Mental Retardation and Developmental Disabilities, 36*(2), 119–132.

Newman, J.W. (2002). Marietta Johnson and the Organic School. In Sadovnik, A., & Semel, S. (Eds.), *Founding mothers and others: Women educational leaders during the Progressive Era*. Palgrave Macmillan.

Nguyen, P. M., Terlouw, C., & Pilot, A. (2006). Culturally appropriate pedagogy: The case of group learning in a Confucian Heritage Culture context. *Intercultural Education, 17*(1), 1–19.

Palmer, D., Martínez, R., Henderson, K, & Mateus, S. (2014) Reframing the debate on language separation: Towards a vision for translanguaging pedagogies in the dual language classroom. *Modern Language Journal*, 98(3) 757–772.

Paris, D. (2012). Culturally sustaining pedagogy: A needed change in stance, terminology, and practice. *Educational Researcher, 41*(3), 93–97.

Pratt, C. (1948). *I learn from children: An adventure in progressive education*. Grove Press.

Project Zero. (2001). *Making learning visible: children as individual and group learners*. Reggio Children.

Rao, Z., & Chen, H. (2020). Teachers' perceptions of difficulties in team teaching between local and native English speaking teachers in EFL teaching. *Journal of Multilingual and Multicultural Development, 41*(4), 333–347.

Rinaldi, C. (2009). *In dialogo con Reggio Emilia: Ascoltare, ricercare e apprendere.* Reggio Children.

Roman, L.G. (2003). Education and the contesting meanings of 'global citizenship'. *Journal of Educational Change, 4*, 269–293.

Roopnarine, J. L., Johnson, J. E., Quinn, S. F., & Patte, M. M. (Eds.). (2018). *Handbook of international perspectives on early childhood education.* Routledge.

Ryan, J., & Louie, K. (2007). False dichotomy? 'Western' and 'Confucian' concepts of scholarship and learning. *Educational Philosophy and Theory, 39*(4), 404–417.

Rytivaara, A., & Kershner, R. (2012). Co-teaching as a context for teachers' professional learning and joint knowledge construction. *Teaching and Teacher Education 28*, 999–1008.

Rytivaara, A., Pulkkinen, J., & de Bruin, C. L. (2019). Committing, engaging and negotiating: Teachers' stories about creating shared spaces for co-teaching. *Teaching and Teacher Education, 83*, 225–235.

Saldaña, J. (2016). *The coding manual for qualitative researchers.* Sage.

Samuelsson, I.P., & Katz, L. (2008). The contribution of early childhood education to a sustainable society. *The Contribution of Early Childhood Education to a Sustainable Society.* UNESCO Publications.

Sanders-Smith, S.C., & Dávila, L.T. (2021). "It has to be in a natural way": A critical exploration of co-teaching relationships in trilingual preschool classrooms in Hong Kong. *Journal of Multilingual and Multicultural Development*, Advance online publication. https://doi.org/10.1080/01434632.2021.1957902

Sanders-Smith, S.C., & Liu, S. (2020). 在香港看到的「耀中幼教教學法」,《早期教育》, *6*, 17–19.

Sanders-Smith,S.C., Lyons,M.E., Yang,S.Y.H., & McCarthey, S.J. (2021). Valuing relationships, valuing differences: Co-teaching practices in a Hong Kong early childhood program, *Teaching and Teacher Education*, *97*(10), 103230.

Scheinfeld, D.R., Haigh, K.M., & Scheinfeld, S.J.P. (2008). *We are all explorers: Learning and teaching Reggio principles in urban settings*. Teachers College Press.

Schwartz, M. & Shaul, Y. (2013). Narrative development among language minority children: The role of bilingual versus monolingual preschool education. *Language, Culture and Curriculum*, *26*(1), 36–51.

Schwarz, M., & Gorgatt, N. (2018). Fortunately, I found a home here that allows me personal expression: Co-teaching in the bilingual Hebrew-Arabic-speaking preschool in Israel. *Teaching and Teacher Education*, *71*, 46–56.

Scruggs, T.E., Mastropieri, M.A., & McDuffie, K.A. (2007). Co-teaching in inclusive classrooms: A metasynthesis of qualitative research. *Exceptional Children*, *73*(4), 392–416.

Semel, S.F., & Sadovnik, A.R. (2008). The contemporary small-school movement: Lessons from the history of progressive education. *Teachers College Record*, *110*(9), 1744–1771.

Shimpi, P.M., Paik, J.H., Wanerman, T., Johnson, R., Li, H., & Duh, S. (2014). Using parent and teacher voices in the creation of a Western-based early childhood English-language program in China. *Journal of Research in Childhood Education*, *29*(1), 73–89.

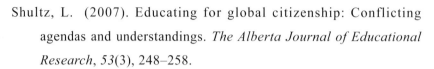
Shultz, L. (2007). Educating for global citizenship: Conflicting agendas and understandings. *The Alberta Journal of Educational Research, 53*(3), 248–258.

Sileo, J.M. (2011). Co-teaching: Getting to know your partner. *Teaching exceptional children, 43*(5), 32–38.

Sim, M. (2009). Dewey and Confucius: On moral education. *Journal of Chinese Philosophy, 36*(1), 85–105.

Stacey, S. (2015). *Pedagogical documentation in early childhood: Sharing children's thinking and teachers' learning.* St. Paul, MN: Redleaf Press.

Stake, R. (1995). *The art of case study research.* SAGE.

Sweeting, A. (2007). *Education in Hong Kong.* 1941–2001. University Press.

Tan, C. (2014). Beyond rote—memorization: Confucius' concept of thinking. *Educational Philosophy and Theory, 47*(5), 428–439.

Tan, C. (2016a). Beyond 'either-or' thinking: John Dewey and Confucius on the subject matter and the learner. *Pedagogy, Culture and Society, 24*(1), 55–74.

Tan, C. (2018). To be more fully human: Freire and Confucius. *Oxford Review of Education, 44*(3), 370–382.

Tan, C. (2020). A Confucian conception of citizenship education. In A. Peterson, G. Stahl, & H. Soong (Eds.), *The Palgrave handbook of citizenship and education* (pp. 3–15). Palgrave Macmillan.

Tan, L. (2016b). Transcultural theory of thinking for instrumental music education: Philosophical insights from Confucius to Dewey. *Philosophy of Music Education, 24*(2), 151–169.

Tan, S. (2004). China's pragmatist experiment in democracy: Hu Shih's pragmatism and Dewey's influence in China. *Metaphilosophy, 25*(1/2), 44–64.

Tong, K.W. (2018, June 26) *Consul General Kurt W. Tong on recent developments in Hong Kong*. National Committee on U.S. China Relations. Retrieved from https://www.ncuscr.org/content/video-consul-general-kurt-w-tong-recent- developments-hong-kong

Tudge, J. (1990). Vygotsky, the zone of proximal development, and peer collaboration: Implications for classroom practice. In L. Moll (Ed.), *Vygotsky and education: Instructional implications and applications of sociohistorical psychology*. (pp. 155–172). Cambridge University Press.

Twigg, D., Pendergast, D., & Twigg, J. (2015). Growing global citizens: Young children's lived experiences with the development of their own social world. *International Research in Early Childhood Education*, 6(1), 79–91.

UNESCO. (2021). *Reimagining our futures together: A new social contract for education*. United Nations Educational, Scientific, and Cultural Organization.

University of Illinois Urbana-Champaign. (2022). *A life remembered: Bud Spodek's impact on early childhood education*. College of Education. https://education.illinois.edu/about/news-events/news/article/2017/12/11/a-life-remembered- bud-spodek-s-impact-on-early-childhood-education-began-in-1950s-continues- today

Urban, M. (2015). From 'closing the gap' to an ethic of affirmation. Reconceptualising the role of early childhood services in times of uncertainty. *European Journal of Education*, 50(3), 293–306.

van Oudenhoven, N., & van Oudenhoven, R.J. (2019). Global citizenship in a fragmenting and polarizing world. *Childhood Education*, 95(3), 39–43.

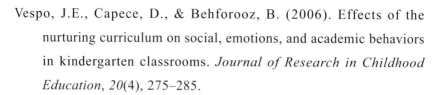
Vespo, J.E., Capece, D., & Behforooz, B. (2006). Effects of the nurturing curriculum on social, emotions, and academic behaviors in kindergarten classrooms. *Journal of Research in Childhood Education, 20*(4), 275–285.

Villasanti, A.R. (2016). *Monolingual policies in the EFL/bilingual classroom: Teachers' perceptions of and beliefs about L1/L2 use* [Unpublished Masters Thesis]. University of Illinois at Urbana-Champaign.

Vygotsky, L. (1978). *Mind in society: The development of higher psychological processes.* Harvard University Press. (Original work published in 1916).

Vygotsky, L.S. (1962). *Thought and language.* Cambridge, MA: MIT Press.

Vygotsky, L.S. (1987). Thinking and speech. In R.W. Rieber, & A.S. Carton (Eds.),

The collected works of L.S. Vygotsky, Volume 1: Problems of general psychology (pp. 39–285). New York: Plenum Press. (Original work published 1934.).

Wang, L. (2020). Trilingual education in Hong Kong secondary schools: A case study. *Silk Road: A Journal of Eurasian Development, 2*(1), 18–24.

Wang, L., & Kirkpatrick, A. (2015). Trilingual education in HongKong primary schools: An overview. *Multilingual Education, 5*(3). https://doi.org/10.1186/ s13616-015-0023-8

Wei, Li (2011). Moment analysis and translanguaging space: Discursive construction of identities by multilingual Chinese youth in Britain.*Journal of Pragmatics, 43*(5), 1222–1235.

Wei Li (2018). Translanguaging as a practical theory of language. *Applied Linguistics*, *39*(1), 9–30.

Winsler, A., Díaz, R.M., Espinosa, L., & Rodríguez, J.L. (1999). When learning a second language does not mean losing the first: Bilingual language development in low-income, Spanish-speaking children attending bilingual preschool. *Child Development*, *70*(2), 349–362.

Yang, W. (2019). Moving from imitation to innovation: Exploring a Chinese model of early childhood curriculum leadership. *Contemporary Issues in Early Childhood*, *20*(1), 35–52.

Yang, W., & Li, H. (2018). Cultural ideology matters in early childhood curriculum innovations: A comparative case study of Chinese kindergartens between Hong Kong and Shenzhen. *Journal of Curriculum Studies*, *50*(4), 560–585.

Yang, W., & Li, H. (2019). *Early childhood curriculum in Chinese societies: Policies, practices, and prospects*. Routledge.

Yang, W., & Li, H. (2020). The role of culture in early childhood curriculum development: A case study of curriculum innovations in Hong Kong kindergartens. *Contemporary Issues in Early Childhood*, 1–20. https://doi. org/10.1177/1463949119900359

Yeung, P. (1999, September 26). The Yew Chung story. *Yew Chung Orientation Program*.

Yew Chung History. Yew Chung Education Foundation. (n.d.). Retrieved April 17, 2022, from http://www.ycef.com/en/about/history/

Yew Chung Home Page. Yew Chung Education Foundation. (n.d.). Retrieved April 30, 2022, from http://www.ycef.com/

Yew Chung International School of Beijing. (2018). *History of Yew Chung*. https://www.youtube.com/watch?v=FFAdgLrTKsg&t=71s

Yew Chung Yew Wah Education Network. (2022) *Our story*. http://www.ycyw- edu.com/

Yim, H.Y.B., Lee, L.W.M., & Ebbeck, M. (2013). Preservation of Confucian values in early childhood education: A study of experts and educators' views. *Asia-Pacific Journal of Research in Early Childhood Education*, 7(1), 51–68.

Zahabioun, S., Yousefy, Alireza, Yarmohammadian, M.H., & Keshtiaray, N. (2013). Global citizenship education and its implications for curriculum goals at the age of globalization. *International Education Studies*, 6(1), 195–206.

成報（1985 年 5 月 26 月日）。香港幼兒教育將介紹入中國內地，在北京開展覽會，一家一子制將出現問題。

華僑日報（1985 年 5 月 26 日）。香港團體首次與內地單位合作提高內地幼兒教育，下月北京舉辦展覽會。

索引

責任編輯 吳黎純
裝幀設計 高林
排版 楊舜君
印務 劉漢舉

耀中幼教教學法
—— 以生成課程、幼兒主導的探究和多語言為中心

□
作者
斯蒂芬妮 C. 桑德斯－史密斯（Stephanie C. Sanders-Smith）
楊亞璇（Sylvia Ya-Hsuan Yang）
庫塔莎·布萊恩－斯利瓦（Kutasha Bryan-Silva）

□
譯者
時 萍　張 曄　潘瑞鋒　張丹丹　陶慧敏

□
策劃
鄭偉鳴

□
出版
中華教育
香港北角英皇道 499 號北角工業大廈一樓 B
電話：(852) 2137 2338　傳真：(852) 2713 8202
電子郵件：info@chunghwabook.com.hk
網址：http://www.chunghwabook.com.hk

耀中出版社
香港九龍新蒲崗大有街一號勤達中心 16 樓
電話：(852) 3923 9711 傳真：(852) 2635 1607
電子郵件：contact@llce.com.hk
網址：www.ycpublishing.com

□
發行
香港聯合書刊物流有限公司
香港新界荃灣德士古道 220-248 號
荃灣工業大廈中心 16 樓
電話：(852) 2150 2100　傳真：(852) 2407 3062
電子郵件：info@suplogistics.com.hk

□
印刷
美雅印刷製本有限公司
香港觀塘榮業街 6 號海濱工業大廈 4 樓 A 室

□
版次
2024 年 2 月第 1 版第 1 次印刷
© 2024 中華教育　耀中出版社

□
規格
16 開（230 mm×170 mm）

□
ISBN
978-988-8861-19-4